धर्म से आगे

सम्पूर्ण संसार के लिए नैतिकता

धर्म से आगे

परम पूज्य दलाई लामा

अनुवाद
आशुतोष गर्ग

राधाकृष्ण प्रकाशन

मूल कृति 'Beyond Religion : Ethics for a Whole World' का हिन्दी अनुवाद

ISBN : 978-81-8361-968-4

धर्म से आगे
सम्पूर्ण संसार के लिए नैतिकता

पहला संस्करण : 2020

मूल्य : ₹495

प्रकाशक
राधाकृष्ण प्रकाशन प्राइवेट लिमिटेड
जी-17, जगतपुरी, दिल्ली-110 051
शाखाएँ : अशोक राजपथ, साइंस कॉलेज के सामने, पटना-800 006
पहली मंजिल, दरबारी बिल्डिंग, महात्मा गांधी मार्ग, इलाहाबाद-211 001
36 ए, शेक्सपियर सरणी, कोलकाता-700 017
वेबसाइट : www.radhakrishnaprakashan.com
ई-मेल : info@radhakrishnaprakashan.com

मुद्रक
बी.के. ऑफसेट
नवीन शाहदरा, दिल्ली-110 032

DHARM SE AAGEY
Sampurna Sansar Ke Liye Naitikta
by Param Pujya Dalai Lama
Translated by Ashutosh Garg

आभार

यह मेरा सौभाग्य है कि इस पुस्तक को लिखने में एकाध नए लोगों को जोड़कर, उसी सम्पादकीय टीम ने मेरी सहायता की, जिसने मेरी पिछली पुस्तक *एथिक्स फॉर दि न्यू मिलेनियम* पर मेरे साथ काम किया था। मैं कृतज्ञ भाव से अपने निजी कार्यालय के सम्बन्धित सदस्यों का, लम्बे समय से मेरे अनुवादक रहे थुप्टेन जिंपा लांगड़ी का और अलेक्जेंडर नॉर्मन एवं उनके सहयोगी जॉर्ज फिज़रबर्ट का सम्पादकीय सहयोग के लिए आभारी हूँ।

मैं सच्चे दिल से आशा करता हूँ कि मैंने जो कुछ लिखा है, बेशक छोटे स्तर पर, वह अधिक दयालु और शान्तिपूर्ण संसार के निर्माण में योगदान देगा। दुनिया एक रात में नहीं बदल सकती और इस छोटी-सी पुस्तक से हम ऐसा नहीं कर सकते। परिवर्तन, जागरूकता से आता है और जागरूकता के लिए शिक्षा आवश्यक है। यदि पाठक की किसी भी बात से कुछ लाभ मिलता है तो यह हमारे लिए पुरस्कार होगा। यदि किसी पाठक को इससे कोई लाभ नहीं होता तो वह इसे उठाकर निस्संकोच, एक तरफ रख सकता है।

—दलाई लामा

धर्मशाला,
2 जून 2011

क्रम

भूमिका

मैं अब बूढ़ा हो गया हूँ। मेरा जन्म 1935 में उत्तरपूर्वी तिब्बत के एक छोटे-से गाँव में हुआ। कुछ कारणों से, जो मेरे नियंत्रण से परे थे, मैंने अधिकांश वयस्क जीवन भारत में नागरिकता विहीन शरणार्थी के रूप में गुजारा है। पचास वर्ष से ज्यादा समय से भारत मेरा दूसरा घर रहा है। मैं प्राय: मज़ाक में कहता हूँ कि मैं भारत में सबसे अधिक समय तक रहनेवाला मेहमान बन गया हूँ। मैंने, अपनी आयु के बहुत-से लोगों की तरह, ऐसी अनेक घटनाएँ देखी हैं जिन्होंने हमारी दुनिया के नक्शे को आकार दिया है।

मैं 1960 के दशक से लेकर अब तक काफी घूम चुका हूँ और इस बीच मुझे कई तरह के लोगों से मिलने का सौभाग्य मिला है। इनमें बहुत-से प्रधानमंत्री और राष्ट्रपति, राजा एवं रानी तथा विश्व के महान धर्मगुरुओं के अतिरिक्त, जीवन के लगभग सभी क्षेत्रों से जुड़े साधारण लोग शामिल हैं।

मैं बीते दशकों पर दृष्टि डालता हूँ तो मेरे पास प्रसन्न होने के बहुत-से कारण हैं। चिकित्सा विज्ञान में हुई प्रगति के चलते घातक बीमारियाँ जड़ से समाप्त हुई हैं। लाखों बच्चे गरीबी के जंजाल से निकलकर आधुनिक शिक्षा और बेहतर स्वास्थ्य प्राप्त कर चुके हैं। मानवाधिकारों की वैश्विक उद्घोषणा हो गई है और ऐसे अन्य

अधिकारों के महत्त्व के प्रति आई जागरूकता में जबर्दस्त वृद्धि हुई है। इसके फलस्वरूप, स्वतंत्रता एवं लोकतंत्र का विश्व में प्रसार हुआ है तथा मानवता की अखंडता को बेहतर पहचान मिली है। स्वस्थ वातावरण के महत्त्व को लेकर भी जागरूकता बढ़ी है। बहुत-से अन्य सन्दर्भों में, पिछली लगभग आधी शताब्दी प्रगति और सकारात्मक बदलाव से ओत-प्रोत रही है।

हालाँकि यह भी सच है कि इन सभी क्षेत्रों में हुई उन्नति के बावजूद संसार में बहुत-से कष्ट हैं और मानवता आज भी भीषण पीड़ा और कठिनाइयाँ झेल रही है। दुनिया के समृद्धशाली देशों में जहाँ लोग ऐश्वर्य और विलासिता से जीते हैं, वहीं असंख्य लोगों की मूलभूत आवश्यकताएँ भी पूरी नहीं हो पाती हैं।

शीत युद्ध की समाप्ति के साथ विश्व में परमाणु विनाश का खतरा कम हुआ है लेकिन आज भी अनेक जगहों पर लोग हथियारबन्द लड़ाई की त्रासदी और उससे जुड़ी पीड़ा भोग रहे हैं। कई स्थानों पर लोग पर्यावरण से जुड़ी समस्याओं से जूझ रहे हैं जिससे उनकी आजीविका पर मँडराता खतरा और भी गहरा गया है। इसके अतिरिक्त, लोगों को समाज में व्याप्त असमानता, भ्रष्टाचार और अन्याय से भी संघर्ष करना पड़ता है।

यह समस्या केवल विकासशील देशों तक सीमित नहीं है। दुनिया के समृद्धशाली और अमीर देशों में भी अनेक तरह की व्यापक सामाजिक समस्याएँ मौजूद हैं : शराब से उत्पन्न रोग, नशाखोरी, घरेलू हिंसा तथा पारिवारिक विघटन। लोग अपने बच्चों के लिए चिन्तित हैं, उनकी शिक्षा के लिए परेशान हैं और उन्हें इस बात की भी फिक्र है कि उनका भविष्य कैसा होगा। हमें यह भी समझना है कि मनुष्य की बहुत-सी गतिविधियों के कारण पृथ्वी ग्रह इस सीमा तक क्षतिग्रस्त हो चुका है कि वहाँ से वापस लौटना सम्भव नहीं है। यह ऐसा खतरा है जिसके कारण डर बढ़ता जा रहा है। आधुनिक जीवन के दबाव में तनाव, दुश्चिन्ता, हताशा और अकेलापन बढ़ रहा है। इसके परिणामस्वरूप, मैं जहाँ भी जाता हूँ, लोग शिकायत करते मिलते हैं। यहाँ तक कि मैं स्वयं कभी-कभी शिकायत करने लगता हूँ!

इससे स्पष्ट है कि हमारी जीवन शैली में किसी वस्तु का गम्भीर अभाव है। यह अभाव क्या है? मेरे विचार से मूलभूत समस्या यह है कि हम जीवन के बाहरी और भौतिक पक्षों पर जरूरत से ज्यादा ध्यान दे रहे हैं, जबकि नैतिक तथा आन्तरिक मूल्यों की उपेक्षा हो रही है।

आन्तरिक मूल्य से मेरा आशय उन सद्गुणों से है जिन्हें हम दूसरों में पसन्द करते हैं और जिनके प्रति हमारा स्वाभाविक रुझान होता है। हर प्राणी को जीने के लिए देखभाल, प्रेम और सद्भाव के माहौल की जरूरत होती है। इन सबको एक शब्द में संजोया जा सकता है : करुणा। करुणा का आशय है, दूसरों का कष्ट दूर करने और जन-कल्याण का मार्ग प्रशस्त करने की इच्छा। यही वह आध्यात्मिक सिद्धान्त है जिसमें से अन्य सकारात्मक आन्तरिक मूल्य निकलते हैं। हमें दूसरों में दया, धैर्य, सहनशीलता, क्षमाशीलता और उदारता जैसे गुण अच्छे लगते हैं और ईर्ष्या, द्वेष तथा भेदभाव को हम नापसन्द करते हैं। हम करुणा द्वारा सकारात्मक आन्तरिक मूल्यों को बढ़ावा देना और नकारात्मक सोच से निपटना सीखते हैं। इस तरह आन्तरिक मूल्यों को सुदृढ़ करने से सबसे पहले हमें स्वयं लाभ होता है। हम अपनी जीवन-शैली की उपेक्षा करके स्वयं को खतरे में डाल लेते हैं और इसी कारण आज दुनिया-भर की समस्याएँ हमारे सामने उत्पन्न हो गई हैं।

कुछ समय पहले, मैं पूर्वी भारत के उड़ीसा क्षेत्र में गया था। देश के इस हिस्से में, विशेषकर आदिवासियों के बीच, झगड़े और विद्रोह का प्रमुख कारण गरीबी है। मैं उस क्षेत्र के सांसद से मिला और मैंने उनके साथ इन मामलों पर विचार किया। मुझे उनसे बात करके पता लगा कि आदिवासियों की रक्षा हेतु विविध कानूनी प्रणालियाँ और आर्थिक रूप से सशक्त बनानेवाली सरकारी परियोजनाएँ पहले से चल रही हैं। उन्हें इनसे आर्थिक सहायता भी प्राप्त होती है। लेकिन समस्या यह है कि भ्रष्टाचार के चलते इन कार्यक्रमों का लाभ लोगों तक पहुँच नहीं पाता है। इस तरह की परियोजनाएँ, यदि क्रियान्वयन के लिए जिम्मेदार लोगों की बेईमानी, अकर्मण्यता और लापरवाही की भेंट चढ़ती रहेंगी, तो सब कुछ निरर्थक हो जाएगा।

इस उदाहरण से साफ पता लगता है कि किसी भी कार्यकुशल प्रणाली का प्रभाव तभी सामने आता है जब उसका उपयोग ठीक से किया जाए। आखिरकार, कोई भी पद्धति या उससे जुड़े कानून, उनके क्रियान्वयन के लिए उत्तरदायी लोगों की क्षमता के अनुसार ही प्रभावशाली होते हैं। यदि व्यक्तिगत निष्ठा की कमी के कारण अच्छी प्रणाली का दुरुपयोग होने लगे तो वह लाभ की जगह क्षति का कारण बन सकती है। यह बात हर मानव गतिविधि, यहाँ तक कि धर्म पर भी, लागू होती है। निस्सन्देह, धर्म सार्थक और सुखी जीवन जीने में लोगों की सहायता कर सकता है लेकिन यदि इसका दुरुपयोग होने लगे तो यही झगड़े और मतभेद का कारण भी बन जाता है। वाणिज्य और विद्या के क्षेत्र भी ऐसे ही हैं। उनकी प्रणालियाँ अपने आप में चुस्त-दुरुस्त होती हैं लेकिन उनका उपयोग करनेवाले लोग यदि भ्रष्ट और निजी लाभ में लिप्त हों तो ऐसी प्रणालियों का पूरा लाभ नहीं मिल पाता। दुर्भाग्य से, ऐसी अनेक घटनाएँ देखने को मिलती हैं। यहाँ तक कि अन्तर्राष्ट्रीय खेलों में भी ऐसा होता है, जहाँ ईमानदारी की मूल अवधारणा पर भ्रष्टाचार का खतरा मँडराता रहता है।

यह सच है कि बहुत-से समझदार लोग इन समस्याओं से अवगत हैं और वे पूरे मन से अपने-अपने क्षेत्रों में इन्हें दूर करने की कोशिश भी करते हैं। राजनेता, जनसेवक, वकील, शिक्षाविद्, पर्यावरण विशेषज्ञ, कार्यकर्ता और अनेक लोग इस प्रयास में लगे हैं। यह बहुत अच्छी बात है लेकिन यह भी सच है कि केवल नए कानून और नियम बनाकर समस्याओं का समाधान सम्भव नहीं है। अन्त में, इन समस्याओं की जड़ में व्यक्ति होता है। यदि लोगों में नैतिक मूल्य और निष्ठा का अभाव है तो नियम और कानून भी पर्याप्त नहीं होते। लोग जब तक भौतिक संसाधनों को प्राथमिकता देते रहेंगे, तब तक अन्याय, भ्रष्टाचार, असमानता, सहनशीलता और लालच, जो वास्तव में आन्तरिक मूल्यों की हो रही उपेक्षा के बाहरी प्रतिबिंब हैं, हमारे सामने मौजूद रहेंगे।

फिर हमें क्या करना चाहिए? सहायता के लिए किसके पास जाना चाहिए? विज्ञान ने बाहरी जगत के सन्दर्भ में हमें बहुत

लाभान्वित किया है लेकिन उससे हमें व्यक्तिगत निष्ठा की नींव के लिए पर्याप्त वैज्ञानिक आधार नहीं मिल सका है। यही आन्तरिक मानवीय मूल्यों का आधार है, जिसे हम दूसरों में देखना चाहते हैं। हमें वही आधार अपने अन्दर विकसित करने का प्रयास करना चाहिए। तो क्या हमें धर्म में आन्तरिक मूल्यों की खोज करनी चाहिए, जैसा कि लोग शताब्दियों से करते आ रहे हैं? निश्चित रूप से, धर्म ने अतीत में लाखों लोगों की सहायता की है और आज भी लाखों लोगों की मदद कर रहा है और भविष्य में करता रहेगा। मगर धर्म से प्राप्त नैतिक मार्गदर्शन और जीवन की सार्थकता के बावजूद, आज के धर्मनिरपेक्ष संसार में केवल धर्म, हमें नीतिगत आधार देने के लिए पर्याप्त नहीं है। इसका एक कारण है कि दुनिया के बहुत लोग किसी एक विशेष धर्म को नहीं मानते। एक अन्य कारण यह भी है कि लोग जैसे-जैसे वैश्वीकरण और बहु-सांस्कृतिक समाज के आधुनिक दौर में एक-दूसरे से जुड़ रहे हैं, उसे देखते हुए किसी एक धर्म पर आधारित नीति-सिद्धान्त केवल कुछ ही लोगों को अच्छे लग सकते हैं। वे सबके लिए उपयोगी नहीं हो सकते। पुराने जमाने में, जब लोग एक-दूसरे से दूरी बनाकर रखते थे—जैसे कि हम तिब्बती लोग पर्वतों के पीछे शान्तिपूर्वक अनेक शताब्दियों से रहते आए हैं—तब उन्हें अपने-अपने धर्म पर आधारित नैतिक सिद्धान्तों से परेशानी नहीं होती थी। लेकिन आज आन्तरिक मूल्यों की उपेक्षा होने से पैदा हुई समस्या का धर्म के आधार पर उत्तर देने का प्रयास किया जाएगा तो वह समाधान, सार्वभौमिक नहीं होगा और सदा ही अपर्याप्त रहेगा। हमें आज के दौर में नैतिक सिद्धान्तों को समझने के लिए एक ऐसा तरीका चाहिए जो धर्म के मार्ग से न गुजरे और फिर भी, आस्थावादी और अनास्थावादी दोनों प्रकार के लोगों को समान रूप से स्वीकार्य हो। इसका अर्थ है हमें धर्मनिरपेक्ष नीति-सिद्धान्त की आवश्यकता है।

यह वक्तव्य सुनने में अजीब लग सकता है क्योंकि यह ऐसे व्यक्ति ने दिया है जो बहुत छोटी उम्र से ही भिक्षु का जीवन व्यतीत कर रहा है। तथापि मुझे इसमें विरोधाभास नहीं नजर आता। मेरी आस्था,

मुझे सबके कल्याण और लाभ हेतु कार्य करने के लिए प्रेरित करती है। मैं अपनी परम्पराओं के परे जाकर, अन्य धर्मों के लोगों से मिलता हूँ, और उनसे भी मिलता हूँ जिनका कोई धर्म नहीं है। मुझे ऐसा करने में दुविधा नहीं होती।

मुझे विश्वास है कि वैश्विक नीति-सिद्धान्तों के प्रति एक नई धर्मनिरपेक्ष पद्धति की दिशा में यह प्रयास सम्भव है और करने योग्य भी है। मुझे यह विश्वास इसलिए है क्योंकि सब मनुष्य, मूलत: जीवन की अच्छी बातों के प्रति आकर्षित होते हैं। हम किसी भी कार्य को लाभ की आशा से करते हैं। हम दूसरों में उदारता को सद्गुण मानते हैं। हमें स्वभावगत रूप से प्रेम और करुणा जैसे मानवीय मूल्य आकर्षित करते हैं और इनके प्रति हमारा सहज रुझान होता है। हमारे मन में घृणा की अपेक्षा प्रेम की इच्छा होती है। हम दूसरों से चतुराई और ओछेपन की नहीं बल्कि उदारता की कामना करते हैं। ऐसा कौन है जिसे द्वेष, अनादर और विरोध के स्थान पर सहनशीलता, सम्मान और क्षमा की इच्छा नहीं होती?

मैं इस सन्दर्भ में यह बात विश्वास से कह सकता हूँ कि हमारे पास एक ऐसा रास्ता है, ऐसा तरीका है, जिसके द्वारा हम बिना किसी धर्म का विरोध किए अपने भीतर आन्तरिक मूल्यों को विकसित कर सकते हैं। और इसके लिए हमें धर्म पर निर्भर होने की आवश्यकता नहीं है। में इस पुस्तक में नीति-सिद्धान्तों के इसी नवीन दृष्टिकोण के विकास और अभ्यास के विषय में विस्तार से चर्चा करना चाहता हूँ। मुझे आशा है इससे आज के अति भौतिकतावादी युग में, नैतिक जागरूकता और आन्तरिक मूल्यों का प्रचार हो सकेगा।

मैं आरम्भ में ही यह स्पष्ट कर देना चाहता हूँ कि मेरा उद्देश्य लोगों पर नैतिक मूल्य थोपने का नहीं है। ऐसा करने से कोई लाभ भी नहीं है। बाहर से नैतिक सिद्धान्तों को थोपना या ऐसा प्रयास करना कदापि प्रभावशाली नहीं हो सकता। मैं चाहता हूँ प्रत्येक व्यक्ति, आन्तरिक मूल्यों के महत्त्व को स्वत: समझे क्योंकि यही मूल्य, वास्तव में नैतिक सद्भावनापूर्ण संसार तथा मानसिक शान्ति, आत्मविश्वास एवं प्रसन्नता के स्रोत हैं। निस्सन्देह, विश्व के प्रमुख धर्म प्रेम, करुणा,

सहनशीलता, सहिष्णुता और क्षमाशीलता पर बल और आन्तरिक मूल्य को बढ़ावा दे सकते हैं। लेकिन आज के संसार की सचाई यह है कि धर्म के माध्यम से नैतिकता को समझना पर्याप्त नहीं है। इसीलिए मेरा मानना है कि अब समय आ गया है कि हमें धर्म से आगे बढ़कर आध्यात्मिकता और नैतिकता पर विचार करना होगा।

भाग 1

धर्मनिरपेक्ष नीति-सिद्धान्तों की नई परिकल्पना

1

धर्म-निरपेक्षता पर पुनर्विचार

वैज्ञानिक युग में आन्तरिक मूल्य

मैं एक धार्मिक व्यक्ति हूँ लेकिन केवल धर्म हमारी सब समस्याओं का उत्तर नहीं दे सकता।

इस बात को अभी ज्यादा समय नहीं हुआ जब मैंने बिहार में एक नए बौद्ध मन्दिर के उद्‌घाटन समारोह में हिस्सा लिया था। बिहार, उत्तर भारत का अति जनसंख्या वाला गरीब प्रदेश है। बिहार के मुख्यमंत्री मेरे पुराने मित्र हैं और उन्होंने उस मौके पर अच्छा भाषण दिया था जिसमें उन्होंने यह विश्वास जताया कि भगवान बुद्ध के आशीर्वाद से बिहार प्रदेश समृद्धशाली हो सकता है। भाषण देने की मेरी बारी आई तो मैंने हल्के-फुल्के ढंग से कहा यदि बिहार की समृद्धि केवल बुद्ध के आशीर्वाद पर निर्भर होती तो यह प्रदेश बहुत पहले समृद्धिशाली हो जाता। आखिरकार, पुरातन काल से बौद्ध धर्म का सबसे पवित्र स्थल बोध गया, बिहार में है जहाँ भगवान बुद्ध ने ज्ञान प्राप्त किया था। हमें सच्चे परिवर्तन के लिए बुद्ध के आशीर्वाद और प्रार्थनाओं से अधिक कुछ और चाहिए। यद्यपि उनका आशीष बहुत सशक्त है लेकिन हमें काम करने की आवश्यकता है और यह मुख्यमंत्री तथा उनके जैसे लोगों के सक्रिय प्रयास से ही सम्भव हो सकेगा।

मेरा इस बात से यह आशय नहीं है कि भगवान का आशीर्वाद और प्रार्थना व्यर्थ है। सच कहूँ तो मेरे मतानुसार, प्रार्थना से मनोवैज्ञानिक लाभ मिलता है।

लेकिन हमें यह भी मानना होगा कि प्रार्थना का परिणाम कठिनाई से देखने को मिलता है। यदि हम परिणाम की बात करें तो इसमें सन्देह नहीं कि प्रार्थना, आधुनिक विज्ञान की उपलब्धियों का मुकाबला नहीं कर सकती। मैं कुछ वर्ष पूर्व जब बीमार पड़ा तो मुझे जानकर अच्छा लगा कि बहुत-से लोग मेरे स्वास्थ्य के लिए प्रार्थना कर रहे थे। लेकिन मेरे लिए इससे अधिक सुखकर बात यह है कि जिस अस्पताल में मेरा इलाज हो रहा था, वहाँ मेरी देखभाल के लिए सभी आवश्यक एवं आधुनिक उपकरण उपलब्ध थे।

पिछले लगभग दो सौ सालों में भौतिक जगत की उपलब्धियों के चलते यह आश्चर्य की बात नहीं है कि बहुत-से लोग पूछते हैं क्या हमें सचमुच धर्म की आवश्यकता है। पहले हम रोगों का पूर्ण उन्मूलन, ब्रह्मांड-यात्रा, कम्प्यूटर जैसी बातों का केवल सपना देखते थे लेकिन आज वे सब चीजें विज्ञान के माध्यम से वास्तविकता बनकर हमारे सामने आ चुकी हैं। इसीलिए आज लोग विज्ञान के प्रति आशावादी हैं और मानते हैं कि इसके माध्यम से मनुष्य आनन्द भी प्राप्त कर सकता है।

मैं समझ सकता हूँ किस तरह विज्ञान पारम्परिक धर्म के कुछ क्षेत्रों में आस्था पर हावी हो गया है। लेकिन मुझे यह समझ में नहीं आता कि विज्ञान में हुई प्रगति का प्रभाव हमारे आन्तरिक या आध्यात्मिक मूल्यों पर क्यों पड़ना चाहिए। वास्तव में, आज के वैज्ञानिक युग में आन्तरिक मूल्यों की आवश्यकता पहले से कहीं अधिक है।

विज्ञान के युग में आन्तरिक मूल्य और नीतिगत जीवनशैली के पक्ष में बात करते समय यह जरूरी है कि पूरी बात को वैज्ञानिक दृष्टिकोण से प्रस्तुत किया जाए। हालाँकि अभी तक केवल वैज्ञानिक शोध के आधार ऐसा करना सम्भव नहीं हो पाया है मगर मुझे पूरा भरोसा है कि समय के साथ आन्तरिक और नीतिगत मूल्यों के लाभ को दर्शानेवाले बेहतर वैज्ञानिक आधार उभरकर सामने आएँगे।

निस्सन्देह, मैं वैज्ञानिक नहीं हूँ। मैंने बचपन में आधुनिक विज्ञान की औपचारिक पढ़ाई भी नहीं की थी। लेकिन अपनी निर्वासन अवधि के दौरान इस विषय पर काफी कुछ सीखा है। मैंने पिछले लगभग तीस वर्षों में भौतिकी, ब्रह्मांड-विज्ञान, जीव-विज्ञान, मनोविज्ञान तथा तंत्रिका-विज्ञान समेत अनेक वैज्ञानिक क्षेत्रों के विशेषज्ञों और शोधकर्ताओं के साथ नियमित बैठक की है।

सभी धर्मों में चिन्तन का जोर, अनुभव और चैतन्य जगत के आन्तरिक संसार को खोजने पर रहता है इसलिए इन चर्चाओं से मेरा उद्‌देश्य विचार, भावना और व्यक्तिपरक अनुभव जैसे क्षेत्रों के वैज्ञानिक बोध को समझना है।

मुझे इस बात से उत्साह मिला है कि विज्ञान, विशेषकर तंत्रिका-विज्ञान, इन बातों पर बहुत ध्यान दे रहा है जिनकी लम्बे समय से उपेक्षा की जाती रही है। मैं इन क्षेत्रों में हुई वैज्ञानिक प्रगति से बहुत खुश हूँ जिसमें अन्य पुरुष सत्यापन योग्यता के वैज्ञानिक सिद्धान्त का विस्तार करके उसमें व्यक्तिनिष्ठ अनुभव को भी शामिल करने की कोशिश चल रही है। मेरे दिवंगत मित्र फ्रांसिस्को वरेला द्वारा तंत्रिका-विज्ञान के क्षेत्र में किया काम इसका एक उदाहरण है।

चिन्तनशील पद्धति और दया, करुणा, प्रेम तथा शान्ति जैसे सद्‌गुणों के सायास विकास के प्रभाव को समझने के लिए क्या वैज्ञानिक आधार उपलब्ध हो सकते हैं, इस बात में मेरी काफी रुचि है। मैं शुरू से मानता था कि विज्ञान यदि सिद्ध कर सके कि इस तरह की पद्धतियाँ सम्भव हैं और लाभकारी भी, तो शायद शिक्षा के माध्यम से मुख्यधारा में इसका प्रचार किया जा सकता है।

सौभाग्य से जीव-विज्ञान, तंत्रिका-विज्ञान तथा अन्य क्षेत्रों में इस बात के पर्याप्त प्रमाण मिलने लगे हैं कि वैज्ञानिक परिप्रेक्ष्य से देखें तो निस्स्वार्थता एवं दया की भावना न केवल हमारे अपने हित में है बल्कि यह हमारी प्रकृति का अभिन्न अंग भी है। इस तरह के प्रमाणों को अपने व्यक्तिगत अनुभवों के साथ जोड़कर सहज ढंग से देखने पर हम मानवीय मूल्यों का लाभ समझ सकते हैं, जो धार्मिक सिद्धान्तों अथवा आस्था पर निर्भर नहीं करते। मैं इस बात का स्वागत करता हूँ।

धर्मनिरपेक्षता को समझना

मैं इसी को धर्मनिरपेक्ष नैतिकता का आधार कहता हूँ। मैं जानता हूँ कुछ लोगों को, विशेषकर मेरे कुछ ईसाई एवं मुस्लिम भाई-बहनों को, 'धर्मनिरपेक्ष' शब्द से परेशानी होगी। वे इस शब्द को ऐसे देखते हैं मानो यह धर्म को अस्वीकार करना है, या फिर इसका धर्म से वैर है। उन्हें लगता है मैं इस शब्द का प्रयोग करके नैतिक पद्धतियों और सार्वजनिक जीवन के क्षेत्रों से धर्म को बाहर रखने का हिमायती हूँ। मगर मेरे दिमाग में ऐसी कोई बात नहीं है, बल्कि मैं धर्मनिरपेक्ष शब्द को उसी सन्दर्भ में देखता हूँ जिस तरह भारत में इसे प्रयोग किया जाता है।

भारत के पास धर्मनिरपेक्ष संविधान है और भारत को धर्मनिरपेक्ष देश होने पर गर्व है। भारतीय सन्दर्भ में धर्मनिरपेक्ष का अर्थ, धर्म का विरोध अथवा आस्थावादी लोगों का विरोध बिलकुल नहीं है। बल्कि यह सभी धर्मों के प्रति समान रूप से सहिष्णुता और आदर का भाव रखता है। यह सबको साथ लेकर चलने और समान व्यवहार की बात करता है जिसमें अनास्थावादी भी शामिल हैं।

'धर्मनिरपेक्ष' शब्द, आस्थावादी और अनास्थावादी दोनों तरह के लोगों के प्रति परस्पर सहिष्णुता और सम्मान को दर्शाता है और यह भारत की ऐतिहासिक व सांस्कृतिक पृष्ठभूमि से आया है। मेरा मानना है कि पश्चिम में यह शब्द यूरोपीय इतिहास से लिया गया है। मैं इतिहासवेत्ता नहीं हूँ और न ही इसका विशेषज्ञ हूँ लेकिन मेरी समझ कहती है कि यूरोप में विज्ञान के क्षेत्र में हुई प्रगति के चलते वहाँ तार्किक प्रवृत्ति बढ़ गई। इस तर्कसंगत सोच के कारण लोगों ने प्राचीन अंधविश्वासों को अस्वीकार कर दिया। तब से आज तक बहुत-से तर्क-शास्त्रियों के लिए तर्क आधारित दृष्टिकोण को अपनाने का अर्थ, धार्मिक आस्था को अस्वीकार करना बन गया है। फ्रांस में आई क्रान्ति, जिसने यूरोप में अज्ञानता को दूर किया, इसका बहुत अच्छा उदाहरण है। इसमें बहुत मजबूत गैर-धार्मिक तत्त्व देखने को मिलते हैं। इस अस्वीकृति का महत्त्वपूर्ण सामाजिक आयाम भी था। इसके चलते धर्म को रूढ़िवादी, पारम्परिक और प्राचीन शासनकाल तथा उनकी कमियों के साथ जोड़कर देखा जाने लगा। इस इतिहास की विरासत कहती है कि दो सौ वर्षों से भी ज्यादा समय से पाश्चात्य जगत के अनेक प्रभावशाली चिन्तकों और समाज-सुधारकों ने धर्म को मानव स्वतंत्रता का आयाम नहीं, बल्कि उन्नति के रास्ते की बाधा समझा। मार्क्सवाद ने, जो बीसवीं शताब्दी की सबसे सशक्त धर्मनिरपेक्ष विचारधारा है, धर्म को 'जनता का नशा' नाम देकर उसकी निन्दा की। उसके दुखद परिणाम सामने आए क्योंकि साम्यवादी शासनकाल में दुनिया के अनेक हिस्सों में धर्म को बलपूर्वक दबाने का प्रयास किया गया।

इस इतिहास का ही शायद यह परिणाम है कि पश्चिमी देशों में धर्म-निरपेक्षता की विचारधारा को धर्म-विरोधी माना जाता है। धर्म-निरपेक्षता और धर्म को सामान्यतया विरोधी और बेमेल तत्त्वों के रूप में देखा जाता है और इन दोनों खेमों के बीच काफी सन्देह और वैमनस्य का वातावरण है।

मैं यह स्वीकार नहीं कर सकता कि धर्म, विकास के मार्ग में बाधा है। लेकिन इतिहास के सन्दर्भ में, धर्म-विरोधी विचारधारा का अवश्य कुछ महत्त्व

है। हमें इतिहास यह कड़वा सच सिखाता है कि लगभग हर प्रकार के धार्मिक संस्थान और उसके अनुयायी किसी न किसी अवस्था और चरण में अन्य धर्मों के शोषण में लिप्त रहे हैं। धर्म को झगड़े और दमन के लिए भी इस्तेमाल किया जाता रहा है। यहाँ तक कि बौद्ध धर्म, इस आरोप से पूरी तरह बच नहीं सकता, जबकि अहिंसा उसका मूल सिद्धान्त है।

इस कारण पश्चिम या संसार में कहीं भी, यदि न्याय के लिए धर्म को नकारात्मक दृष्टि से देखा जाता है तो इस बात का सम्मान होना चाहिए। यह कहना सही होगा कि वे लोग, जो नीति-सिद्धान्तों का उल्लंघन करनेवाले धार्मिक लोगों का दोगलापन उजागर करते हैं तथा धार्मिक लोगों व संस्थाओं द्वारा किए जा रहे अन्याय के प्रति खड़े होते हैं, सचमुच स्वयं और परम्पराओं को लाभान्वित कर रहे हैं। हालाँकि इस तरह की निन्दा का विश्लेषण होता है तो धर्म तथा धार्मिक संस्थाओं की निन्दा के बीच अन्तर करना आवश्यक है क्योंकि ये दोनों अलग बातें हैं। मेरे विचार से सामाजिक न्याय की अवधारणा, धर्म के सिद्धान्त का किसी तरह विरोध नहीं करती क्योंकि सभी महान आस्थावादी परम्पराओं का एकमात्र उद्देश्य सकारात्मक सद्गुणों के प्रचार-प्रसार के साथ-साथ उदारता, करुणा, क्षमाशीलता, धैर्य तथा व्यक्तिगत निष्ठा जैसे मूल्यों का पोषण करना होता है।

भारत में धर्म-निरपेक्षता

मैं 'धर्मनिरपेक्ष' शब्द से भयभीत नहीं होता, बल्कि मैं भारत के धर्मनिरपेक्ष संविधान के संस्थापकों, डॉ भीमराव अंबेडकर और डॉ. राजेन्द्र प्रसाद का व्यक्तिगत तौर पर बहुत सम्मान करता हूँ। धर्म-निरपेक्षता को बढ़ावा देने के पीछे उनका उद्देश्य धर्म को नष्ट करना नहीं था, बल्कि वह भारतीय समाज में धार्मिक विविधता को औपचारिक रूप से पहचान दिलवाना चाहते थे। हमारे संविधान के प्रेरणा-स्रोत महात्मा गांधी स्वयं एक अत्यन्त धार्मिक व्यक्ति थे। वह प्रतिदिन अपनी प्रार्थना-सभा में देश की धार्मिक परम्पराओं की प्रार्थनाएँ व ऋचाएँ पढ़ते थे। भारत के सभी सार्वजनिक समारोहों में आज भी उस परम्परा का पालन किया जाता है।

गांधी द्वारा प्रस्तुत धार्मिक सहिष्णुता का उदाहरण भारत के लिए नया नहीं है। इसकी जड़ें दो हज़ार वर्ष से भी अधिक पुरानी हैं। उदाहरण के लिए,

यह तथ्य ई.पू. तीसरी शताब्दी में सम्राट अशोक के शासनकाल के कुछ स्तम्भों पर भी अंकित मिलता है। एक स्तम्भ पर लिखा है, 'दूसरे व्यक्ति के धर्म का सम्मान करना चाहिए क्योंकि ऐसा करने से अपने और दूसरे के धर्म को बल मिलता है।' इसके अतिरिक्त, संस्कृत साहित्य को पढ़ने से हमें पुरातन संस्कृति का आभास होता है जो बौद्धिक रूप से सहिष्णु तथा संवाद के क्षेत्र में अत्यन्त सम्पन्न रही है। भारत में बहुत-सी दार्शनिक परिस्थितियों पर प्राचीन काल से चर्चाएँ होती रही हैं। यहाँ तक कि भारतीय परम्परा में आधुनिक भौतिकवाद और अनास्थावादी दृष्टिकोण का भी सम्मानजनक इतिहास रहा है। प्राचीन दार्शनिक पुस्तकों में चार्वाक परम्परा का उल्लेख मिलता है जिसके अनुचर, ईश्वर और आत्मा के अस्तित्व अथवा मृत्यु-पर्यन्त जीवन के विचार को नहीं मानते। अन्य चिन्तक चार्वाक दृष्टिकोण का पुरजोर विरोध करते हैं लेकिन उनके तार्किक भौतिकवाद को गम्भीरता से नहीं लिया गया और उनके संस्थापकों को आम तौर पर 'ऋषि' कहा जाता था। चार्वाक विचारधारा के प्रवर्तक को मान्यता और भारतीय शासकों से सम्मान प्राप्त था। ये भारतीय शासक, अन्य धार्मिक आस्थाओं और परम्पराओं के प्रति अत्यन्त सहिष्णु थे। मुगल सम्राट अकबर, जिसके विषय में हिन्दू, ईसाई तथा अन्य धर्मों के साथ होनेवाले संवादों का उल्लेख मिलता है, इस परम्परा का उदाहरण है।

कुछ समय पूर्व मुझे भारत के पूर्व उप-प्रधानमंत्री श्री लाल कृष्ण आडवाणी के साथ इस विषय पर एक ज्ञानवर्धक चर्चा का अवसर मिला था। उन्होंने बताया कि भारत की सहिष्णुता, विविधता और संवाद की यही पुरानी संस्कृति देश की धर्मनिरपेक्ष लोकतांत्रिक व्यवस्था की सफलता का मुख्य कारण है। मुझे विश्वास है वह सही कहते हैं। आज भारत में अधिकांश लोग हिन्दू हैं पर यहाँ दूसरे धर्मों का भी पर्याप्त प्रतिनिधित्व होता है। मुसलमानों की दूसरी सबसे बड़ी आबादी भारत में रहती है और इसी भारत में लाखों सिख, ईसाई, जैन, बौद्ध, जरथ्रुष्ट तथा यहूदी समुदाय के लोग भी रहते हैं। भारत में सांस्कृतिक एवं धार्मिक अल्पसंख्यक लोगों की संख्या इतनी अधिक है कि उसका उल्लेख करना कठिन है। इसके अतिरिक्त यहाँ सैकड़ों विभिन्न भाषाएँ बोली जाती हैं। इस जबरदस्त विविधता के बीच, शहर की गलियों में हिन्दुओं के मन्दिर और मुसलमानों की मस्जिदें साथ-साथ खड़ी दिखाई पड़ती हैं। यह भी सच है कि भारत के अधिकांश गाँवों में एक से अधिक धर्म के लोग साथ में मिलकर रहते हैं।

मैं हाल में रोमानिया के एक व्यक्ति से मिला था जो किसी शोध-कार्य के सिलसिले में भारत के अनेक गाँव घूम चुका था। राजस्थान के एक मुसलमान गाँव के विषय में उसने बताया कि पूरे गाँव में केवल तीन हिन्दू परिवार रहते हैं और फिर भी उन्हें भय या सन्देह नहीं है। मेरे विचार से उस व्यक्ति को आश्चर्य इसलिए हुआ क्योंकि पाश्चात्य मीडिया, भारत के सांप्रदायिक सम्बन्धों को गलत तरीके से प्रस्तुत करता है। भारत में कई बार सांप्रदायिक हिंसा की दुखद घटनाएँ हुई हैं लेकिन इन घटनाओं को भारत-भर में व्याप्त मान लेना भूल है। ऐसी कुछेक घटनाओं को छोड़कर भारतीय समाज में, विशाल विविधता के बावजूद शान्ति और सामंजस्य देखने को मिलता है। स्पष्ट है कि अहिंसा का प्राचीन सिद्धान्त, भारत में पर्याप्त रूप से विकसित हो गया है और सभी धर्मों के लोगों ने इसे शान्ति एवं सह-अस्तित्व के सिद्धान्त के रूप में अपना भी लिया है। यह बहुत बड़ी उपलब्धि है। दुनिया के अन्य देशों को भी इससे सीखना चाहिए।

वैश्वीकरण के युग में सहिष्णुता

मैं कभी-कभी स्वयं को प्राचीन भारतीय विचारधारा का आधुनिक सन्देशवाहक कहता हूँ। मैं जहाँ भी जाता हूँ, दो महत्त्वपूर्ण विचार अवश्य साझा करता हूँ—अहिंसा का सिद्धान्त और अन्तर-धार्मिक सामंजस्य। ये दोनों बातें हमें प्राचीन भारतीय विरासत से प्राप्त हुई हैं। यद्यपि मैं तिब्बती हूँ लेकिन मैं स्वयं को भारत का बेटा मानता हूँ। मुझे बचपन से ही भारतीय विचारधारा से जुड़े महत्त्वपूर्ण सिद्धान्तों का ज्ञान मिला है। मैंने छह वर्ष की आयु में जब भिक्षु के रूप में अध्ययन आरम्भ किया तो जितने भी मुख्य ग्रंथ पढ़े और याद किए, वे सब भारत के बौद्ध गुरुओं द्वारा लिखे गए थे। उनमें से अधिकतर मध्य भारत में स्थित नालंदा विश्वविद्यालय के गुरु थे। अपने आरम्भिक वयस्क जीवन से लेकर अब तक मेरा शरीर भी भारतीय भोजन, यानी दाल और चावल से ही पोषित हुआ है।

मुझे भारतीय परिप्रेक्ष्य में धर्म-निरपेक्षता को बढ़ावा देने और उसे साझा करने में बहुत खुशी होती है क्योंकि मैं मानता हूँ कि यह मानवता के लिए बहुत महत्त्वपूर्ण है। आज के वैश्विक जगत में दो अलग-अलग दृष्टिकोण वाली संस्थाओं और समुदाय के लोगों का साथ-साथ रहना सामान्य बात है। मुझे विशेषकर, पश्चिम की यात्रा के दौरान यह अवश्य देखने को मिलता है।

आज भी समाज के एक बड़े वर्ग के लिए यह सम्भव है कि किसी पड़ोसी, सहकर्मी या मालिक का अपने साथी या पड़ोसी से मातृभाषा, भोजन और धर्म अलग हो सकता है।

हमें स्वीकृति एवं सम्मान के साथ एक-दूसरे को सहयोग देने का तरीका खोजना चाहिए। एक ओर जहाँ विभिन्न संस्कृतियों के समावेश के साथ शहरी वातावरण में रहना, कुछ लोगों के लिए प्रसन्नता का विषय है, वहीं दूसरी ओर, इसमें सन्देह नहीं कि अनजान भाषा और संस्कृति वाले लोगों को साथ रहने में परेशानी भी हो सकती है। इससे दुविधा, भय और द्वेष पैदा हो सकता है, जिसके चलते स्थिति बिगड़ने पर वैमनस्य और जाति, नागरिकता या धर्म के सन्दर्भ में एक-दूसरे के बहिष्कार वाली नई अवधारणाएँ उत्पन्न हो सकती हैं। दुर्भाग्य से, संसार में चारों ओर सामाजिक तनाव आम बात हो गई है। इसके अतिरिक्त, भविष्य में शायद आर्थिक विस्थापना के चलते ऐसी परेशानियाँ बढ़ सकती हैं।

मुझे लगता है ऐसी दुनिया में हमारे लिए नीति-सिद्धान्त, आन्तरिक मूल्य और व्यक्तिगत निष्ठा के प्रति सच्ची, सतत और सार्वभौमिक पद्धति को खोजना बहुत आवश्यक है—एक ऐसा तरीका जो धार्मिक, सांस्कृतिक और जातिगत मतभेदों से परे हो और लोगों को मूलभूत स्तर पर पसन्द आए। मैं इस सतत और सार्वभौमिक पद्धति की खोज को धर्मनिरपेक्ष नीति-सिद्धान्त योजना कहता हूँ।

मैं इस पद्धति पर बात कर रहा हूँ, लेकिन मैं साथ ही यह भी मानता हूँ कि कुछ लोग भारतीय सन्दर्भ में धर्मनिरपेक्ष विषय पर मेरे स्पष्टीकरण से सहानुभूति रखते हैं, मगर नीति-सिद्धान्त और धर्म को एक-दूसरे से अलग रखने की सम्भावना पर उनके मन में प्रश्न उठते हैं। इस प्रयास को लेकर ईश्वरवादी परम्परा के कुछ अनुयायियों में इतना अधिक अविश्वास व्याप्त है कि मुझे अनेक बार सावधान किया और कहा गया है कि मुझे जनसभाओं में नैतिकता पर बोलते समय 'धर्मनिरपेक्ष' शब्द का प्रयोग नहीं करना चाहिए।

इससे यह स्पष्ट है कि ऐसे कई लोग हैं जो धर्म को नैतिकता से अलग करने को एक भूल मानते हैं। आधुनिक समाज में बहुत-सी सामाजिक एवं नैतिक समस्याओं का यही स्रोत है। इसी कारण परिवार टूट रहे हैं, समाज में गर्भपात और व्यभिचार की घटनाएँ बढ़ रही हैं, मदिरापान तथा नशे की आदतों में भी वृद्धि हो रही है। ऐसे लोगों का मानना है कि इन समस्याओं का प्रमुख कारण यह है कि धर्म, जिन आन्तरिक मूल्यों के विस्तार में सहायक हो सकता है,

उनका आधार ही पूरी तरह समाप्त हो गया है। ऐसे लोगों को जिनका धार्मिक विश्वास, नैतिक पद्धतियों के साथ जुड़ा है, यह समझाना बहुत मुश्किल है कि एक के बिना भी दूसरा सम्भव है। जो लोग सत्य के लिए ईश्वर के होने को आवश्यक मानते हैं, उनके लिए केवल ईश्वर ही नैतिक मूल्यों को सुदृढ़ करने की क्षमता रखता है। उनके अनुसार ईश्वर की अनुपस्थिति में सत्य सापेक्ष है। इसका आशय यह है कि एक व्यक्ति का सत्य, दूसरे के लिए असत्य हो सकता है। ऐसी स्थिति में सही और गलत के बीच भेद करने का आधार समाप्त हो जाता है, अच्छे-बुरे का विश्लेषण सम्भव नहीं है और न ही स्वार्थी एवं विध्वंसात्मक भावनाओं को नियंत्रित करके आन्तरिक मूल्य को विकसित किया जा सकता है।

हालाँकि मैं इस दृष्टिकोण का सम्मान करता हूँ लेकिन इसे स्वीकार नहीं करता। मैं इससे सहमत नहीं हूँ कि नैतिकता के लिए धार्मिक अवधारणा अथवा आस्था की आवश्यकता है। मेरा यह विश्वास है कि नैतिकता, परिस्थितियों की स्वाभाविक और तर्कसंगत प्रतिक्रिया के रूप में उत्पन्न हो सकती है।

धर्म और नैतिकता

हालाँकि यह किताब मुख्य रूप से धर्म के विषय पर नहीं है, मगर आस्थावादी और अनास्थावादी लोगों के बीच, आपसी समझ और सम्मान को ध्यान में रखते हुए मुझे लगता है धर्म और नैतिकता के बीच के सम्बन्ध पर विचार करने के लिए थोड़ा समय निकालना अच्छा रहेगा।

हजारों वर्षों से धर्म, मानव सभ्यता के हृदय में वास करता आया है। यह आश्चर्य की बात नहीं है कि दूसरों की चिन्ता करना और इस चिन्ता के फलस्वरूप उत्पन्न उदारता, ईमानदारी, धैर्य और क्षमाशीलता जैसे आन्तरिक मूल्य बहुत पहले से धार्मिक सन्दर्भ ग्रहण करते आए हैं। विश्व की सभी प्रमुख धार्मिक परम्पराओं में, चाहे वे आस्थावादी हों या अनास्थावादी, इन मूल्यों के साथ आत्म-संयम, आत्म-सन्तुष्टि तथा उदारता को सार्थक और बेहतर जीवन की कुंजी माना गया है। यह आश्चर्य की बात नहीं है। चूँकि धर्म का सीधा सम्बन्ध मनुष्य की आत्मा से है, इसलिए इन आन्तरिक मूल्यों के अभ्यास को, जो हमारे अपने और दूसरों के आध्यात्मिक कल्याण के लिए लाभकारी है, किसी भी धार्मिक पद्धति के साथ जोड़ देना स्वाभाविक है।

आस्था-सिद्धान्तों को, जिनके साथ विश्व के धर्म, आन्तरिक मूल्यों का समर्थन करते हैं, मुख्य रूप से दो श्रेणियों में बाँटा जा सकता है।

एक ओर, आस्थावादी धर्म हैं जिनमें हिन्दू, सिख, पारसी, यहूदी, ईसाई और इस्लाम धर्म शामिल हैं। इनमें नैतिकता का मुख्य रूप से ईश्वर को रचयिता माना जाता है। आस्थावादी दृष्टिकोण से समूचा ब्रह्मांड किसी दिव्य रचना और योजना का हिस्सा है इसीलिए इस ब्रह्मांडीय रचना को पवित्र समझा जाता है। चूँकि ईश्वर स्वयं असीमित प्रेम और अपरिमित दया का स्वरूप है, इसीलिए दूसरे लागों से प्रेम करने को ईश्वर की सेवा माना जाता है। इसी तरह अन्य आशावादी धर्मों में यह भी मान्यता है कि मृत्यु के बाद हमारे कर्मों का हिसाब होता है और उसी से हमें जीवन में संयम और सावधानी से आगे बढ़ने की प्रेरणा मिलती है। यदि इसे गम्भीरता से लिया जाए तो ईश्वर के प्रति समर्पण का हमारे ऊपर गहरा प्रभाव पड़ता है। इससे अहंकार में कमी आती है और यह नैतिकता तथा नि:स्वार्थ सेवा की ठोस नींव भी प्रदान करता है।

दूसरी ओर, बौद्ध, जैन तथा प्राचीन भारतीय सांख्य विचारधारा जैसे अनास्थावादी धर्मों में ईश्वर को रचयिता नहीं समझा जाता है। इन धर्मों में कर्म को मुख्य सिद्धान्त मानते हैं और यहाँ ब्रह्मांड के आरम्भ का कोई संकेत नहीं मिलता। इनमें आन्तरिक मूल्य और नैतिक जीवन के आधार के रूप में किसी रचयिता का उल्लेख नहीं है। अनास्थावादी धर्मों में कर्म को मुख्य विचार समझा जाता है। 'कर्म' संस्कृत शब्द है जिसका सरल अर्थ 'कार्य' है। हम कर्म की बात करते हैं तो हमारा आशय अपने शरीर, वचन और मन के द्वारा किए जानेवाले कर्म से होता है। कर्म के फल की बात करते समय इन कर्मों के परिणाम की बात होती है। कर्म का सिद्धान्त, प्रकृति के सिद्धान्त के साथ जुड़ा है। इसमें माना जाता है कि प्रत्येक कार्य, शब्द अथवा विचार अपने साथ शक्तिशाली और अपरिमित परिणामों की धारा लेकर चलता है। इसे पूर्व तथा भावी जन्मों के साथ जोड़ देने पर यह आन्तरिक मूल्यों के विकास और नैतिकता का शक्तिशाली आधार बन जाता है। उदाहरण के लिए, करुणा के सन्दर्भ में एक महत्त्वपूर्ण बौद्ध सिद्धान्त कहता है कि सभी प्राणियों का, उनके पिछले असंख्य जन्मों में, कभी न कभी एक मूल रहा होगा।

सभी धर्म, किसी सीमा तक आन्तरिक मूल्य और नैतिकता को संसार के अभौतिक बोध (जिसे आनुभविक रूप से नहीं दर्शाया जा सकता) और मृत्युपर्यन्त

जीवन में स्थिर करके देखते हैं। जिस तरह दिव्य न्याय का सिद्धान्त बहुत-से आस्थावादी धर्मों में नैतिक शिक्षा पर जोर देता है, अनास्थावादी धर्मों में कर्म का सिद्धान्त और भविष्य की अवधारणा भी ठीक उसी तरह कार्य करती है।

धर्म के सन्दर्भ में आस्थावादी या अनास्थावादी, दोनों तरह की समझ महत्त्वपूर्ण होती है क्योंकि ये न केवल नैतिक जीवन को आधारशिला प्रदान करते हैं बल्कि स्वयं की मुक्ति अथवा मोक्ष के लिए भी आवश्यक हैं। इस कारण धार्मिक व्यक्ति, नैतिकता के पथ पर चलना और आध्यात्मिक आकांक्षाओं को पूरा करना, इन दोनों बातों को अलग करके नहीं देख सकता।

मैं उन लोगों में से नहीं हूँ जो सोचते हैं कि मनुष्य को शीघ्र ही धर्म से छुटकारा मिल जाएगा। इसके विपरीत मेरे विचार से आस्था, अच्छे लोगों को बल देती है और यह लाभकारी होती है। हमारा जीवन अस्थायी भौतिक अस्तित्व से परे है और इसे समझने में धर्म, मुश्किल में फँसे लोगों को आशा और शक्ति प्रदान करता है। विश्व की धार्मिक परम्पराओं का महत्त्व एक ऐसा विषय है जिस पर मैंने अपनी पिछली किताब *टूवर्ड ए टू किनशिप ऑफ़ फेथ* पर विस्तार से चर्चा की है हालाँकि उसका पूरा लाभ—लोगों को एक-दूसरे से जोड़ने, उन्हें मार्गदर्शन और शान्ति प्रदान करने तथा अच्छा जीवन—पाने के लिए आध्यात्मिक जीवन में धर्म अपरिहार्य है।

लेकिन यह बात हमें नैतिकता और आन्तरिक मूल्य के सन्दर्भ में कहाँ ले जाती है? आज के वैज्ञानिक युग में, जहाँ धर्म बहुत-से लोगों को व्यर्थ लगता है, ऐसे मूल्यों का क्या आधार शेष है? हम पारम्परिक आस्था के मार्ग पर चले बिना स्वयं को नैतिक रूप से किस तरह प्रोत्साहित कर सकते हैं?

मेरा विचार है कि मनुष्यों का काम धर्म के बिना चल सकता है लेकिन आन्तरिक मूल्यों के बिना काम चलना मुश्किल है। इसलिए धर्म से नैतिकता को अलग करने का मेरा तर्क बहुत सरल है। मैं इसे ऐसे देखता हूँ कि आध्यात्मिकता के दो आयाम होते हैं। पहला आयाम मूलत: आध्यात्मिक कल्याण से सम्बद्ध है। इससे मेरा आशय आन्तरिक, बौद्धिक और भावनात्मक शक्ति एवं सन्तुलन से है। यह धर्म पर निर्भर नहीं करता बल्कि हमारी जन्मजात प्रकृति से पैदा होता है और भीतर व्याप्त करुणा, उदारता तथा जनकल्याण की भावना पर निर्भर है। दूसरा आयाम, धर्म पर आधारित आध्यात्मिकता है। यह हमें अपने पालन-पोषण एवं संस्कृति से मिलता है तथा हमारी आस्थाओं और पद्धतियों से जुड़ा है। इन

दोनों के बीच का अन्तर पानी और चाय के अन्तर जैसा है। धार्मिक तत्त्वों के बिना नैतिकता व आन्तरिक मूल्य, पानी की तरह हैं जो हमें अच्छे स्वास्थ्य और जीवित रहने के लिए प्रतिदिन चाहिए। धार्मिक परिप्रेक्ष्य पर आधारित नैतिकता और आन्तरिक मूल्य, चाय की तरह हैं। चाय में मुख्य रूप से पानी ही होता है लेकिन उसमें कुछ और तत्त्व भी होते हैं जैसे चाय-पत्ती, मसाले, चीनी या नमक। इनके प्रयोग से चाय अधिक पौष्टिक और अच्छी बनती है जिसे हम रोज पीना चाहते हैं। परन्तु चाय बनाने के लिए मुख्य तत्त्व पानी ही है। हम चाय के बिना जीवित रह सकते हैं लेकिन पानी के बिना जीवन असम्भव है। इसी तरह, हम धर्म से मुक्त पैदा हुए हैं मगर करुणा के बिना जीना सम्भव नहीं है।

हमारे धर्म से अधिक महत्त्वपूर्ण हमारी मूल आध्यात्मिकता है। मनुष्य का प्राकृतिक झुकाव मुख्य रूप से प्रेम, उदारता और स्नेह के प्रति होता है। इस बात से कोई अन्तर नहीं पड़ता कि हमारा कोई धार्मिक मत है अथवा नहीं। इस महत्त्वपूर्ण मानव संसाधन का पोषण और आन्तरिक मूल्यों का विकास करके ही हमारा आध्यात्मिक जीवन आरम्भ होता है। इसलिए सबसे बड़ी चुनौती यह है कि हमें आज के वैज्ञानिक युग के अनुकूल, नैतिकता को स्थिर करने और आन्तरिक मूल्यों को समर्थन देनेवाला मार्ग खोजना है। ऐसा करते समय भीतर की मूलभूत आवश्यकताओं की उपेक्षा नहीं करनी चाहिए, जिनका उत्तर बहुत-से लोगों को धर्म देता है।

मनुष्य के स्वभाव में नैतिकता को स्थिर करना

मनुष्य के स्वभाव को लेकर समस्त संस्कृतियों, दर्शनों और व्यक्तिगत दृष्टिकोणों का मत एक नहीं है। इस सन्दर्भ में अनेक मत मिलते हैं। सरल ढंग से देखें तो एक छोर पर खड़े लोग यह मानते हैं कि मनुष्य, स्वभाव से हिंसक, जोशीला और प्रतिस्पर्धी होता है। दूसरे सिरे पर खड़े लोगों का मत यह है कि मनुष्य का झुकाव उदारता और प्रेम के प्रति होता है। अधिकांश दृष्टिकोण इन दोनों के बीच में होते हैं जिनमें सब तरह के गुणों और अवगुणों का अलग-अलग मात्रा में समावेश होता है। सामान्य तौर पर यदि मनुष्य के स्वभाव को विध्वंस से प्रेरित देखा जाए तो हमारी नैतिकता हमारे अपने अस्तित्व से बाहर स्थिर रहती है। हम उस विध्वंसात्मक प्रवृत्ति को किसी बड़े और कल्याणकारी कार्य के नाम

पर संयमित रखने के लिए नैतिकता का सहारा ले सकते हैं। हम यदि मनुष्य के स्वभाव को उदारता एवं शान्ति से प्रेरित मानें तो हमारे लिए वही नैतिकता अपनी आन्तरिक क्षमता को अधिक विकसित करने का प्राकृतिक और तर्कसंगत माध्यम बन सकती है। इस दृष्टि से नैतिकता को पालन करने के नियम कम और आन्तरिक संयम के सिद्धान्त अधिक होते हैं, जिनकी सहायता से अपने स्वभाव के कल्याणकारी पक्ष को विकसित किया जा सकता है। यह दूसरा तरीका, मेरे तरीके से मेल खाता है।

धर्म-निरपेक्ष नैतिकता के दो स्तम्भ

मेरा मानना है कि धर्मनिरपेक्ष नैतिकता के प्रति समावेशी दृष्टिकोण के लिए, जिसे वैश्विक रूप से स्वीकार किया जा सकता है, दो मूल सिद्धान्तों पर सहमत होना आवश्यक है। इन सिद्धान्तों को अपने अनुभव एवं सामान्य ज्ञान के आधार पर आसानी से समझा जा सकता है। मनोविज्ञान, तंत्रिका विज्ञान, और रोग-विषयक विज्ञान के क्षेत्रों में हुए आधुनिक शोध भी इन दोनों सिद्धान्तों का समर्थन करते हैं। पहला सिद्धान्त, हमारी साझेदारी मानवता के सन्दर्भ में है। यह आनन्द पाने और कष्ट से दूर रहने की इच्छा पर आधारित है। दूसरा सिद्धान्त कहता है कि परस्पर निर्भरता मनुष्य की वास्तविक विशेषता है और इसमें सामाजिक प्राणी के रूप में हमारी जैविक सचाई भी शामिल है। इन दोनों सिद्धान्तों द्वारा हम अपने और दूसरों के कल्याण के बीच के अबोध्य सम्बन्ध को समझ सकते हैं और जन-कल्याण के प्रति सच्ची भावना को विकसित कर सकते हैं। मेरा मानना है कि ये दोनों सिद्धान्त मिलकर नैतिक जागरूकता को स्थापित करने और आन्तरिक मूल्यों के विकास हेतु पर्याप्त आधार दे सकते हैं। इन्हीं आन्तरिक मूल्यों के माध्यम से दूसरों के साथ हमारा सम्बन्ध बनता है और हम अपने निजी स्वार्थ और संकीर्ण विचारधारा से आगे बढ़कर, जीवन में अर्थ, उद्देश्य और सन्तुष्टि प्राप्त कर सकते हैं।

इस धर्मनिरपेक्ष दृष्टिकोण को क्रमबद्ध ढंग से प्रस्तुत करने से पहले, मैं इस बारे में बने अपने विचारों की पृष्ठभूमि और इसकी प्रेरणा के विषय पर कुछ कहना चाहता हूँ।

मैं बचपन से ही तिब्बती महायान परम्परा में बौद्ध भिक्षु की तरह रहा हूँ। इसलिए नैतिकता तथा मनुष्य की प्रकृति से जुड़े अन्य मामलों तथा आनन्द की

खोज के विषय में मुझे ज्ञान वहीं से प्राप्त हुआ है। व्यक्तिगत स्तर पर नैतिकता को लेकर मेरी सोच भारतीय नालंदा परम्परा के आलेखों से काफी प्रभावित है। इसमें दार्शनिक अन्वेषण के साथ नैतिक जीवन-शैली और चिन्तनशील अभ्यास का मिश्रण है। मैं इस पुस्तक में नालंदा परम्परा से प्राप्त ज्ञान साझा करूँगा। यद्यपि इस पुस्तक को लिखने का मेरा उद्‌देश्य बौद्ध धर्म के अनुयायियों की संख्या बढ़ाना नहीं है। वास्तव में, मुझे जब भी पश्चिमी देशों में बौद्ध धर्म पर बात करने के लिए कहा जाता है तो मैं प्राय: अपने व्यक्तिगत विचार रखता हूँ कि लोगों को ऐसी धार्मिक पद्धतियों का पालन नहीं करना चाहिए जो उनकी सांस्कृतिक और शैक्षणिक पृष्ठभूमि का हिस्सा नहीं हैं। ऐसा करने में कठिनाई और अनावश्यक दुविधा पैदा हो सकती है। मुझे इसी बात से प्रेरणा मिल जाती है कि मैं मानवता के सुधार के लिए अपना योगदान देना चाहता हूँ। यदि इस कार्य में मेरी अपनी परम्परा के साधन किसी के लिए लाभकारी हो सकते हैं तो मुझे लगता है उनका प्रयोग करना अच्छी बात है। इस किताब के माध्यम से अपनी आस्था का प्रचार करने में मेरी रुचि नहीं है। मैं पाठकों से अनुरोध करता हूँ कि वह स्वयं इस बात की पड़ताल करें और यदि खोजबीन के दौरान उन्हें प्राचीन भारतीय विचारधारा से कुछ लाभप्रद सामग्री मिलती है तो यह बहुत अच्छी बात है। यदि ऐसा नहीं होता, तो भी कोई बात नहीं।

मैं आगामी अध्यायों में बौद्ध भिक्षु अथवा आस्तिक की भाँति विचार व्यक्त नहीं करूँगा। मैं करोड़ों लोगों में से एक साधारण व्यक्ति की तरह अपनी बात कहना चाहता हूँ—ऐसा व्यक्ति, जो मानवता के भविष्य को लेकर चिन्तित है तथा उसकी सुरक्षा और बेहतर भविष्य के लिए कुछ करना चाहता है।

2

हमारी साझी मानवता

हम स्वयं को कैसे देखते हैं

लोग, सहकर्मियों और आसपास की दुनिया को किस दृष्टि से देखते हैं, उसके ऊपर यह निर्भर करता है कि वह स्वयं को कैसे देखते हैं। हम सबका स्वयं को देखने का ढंग अलग-अलग होता है और इस भिन्न दृष्टिकोण से ही हमारा स्वभाव प्रभावित होता है। उदाहरण के लिए, हम स्वयं को स्त्री या पुरुष मानते हैं, या फिर इस धर्म या उस धर्म का अनुयायी समझते हैं, अथवा किसी जाति या देश का सदस्य मानते हैं। हम स्वयं को पारिवारिक सन्दर्भ में, पिता या माता की तरह देखते हैं। यह हमारे लिए हमारा व्यवसाय, हमारी शिक्षा और हमारी उपलब्धियाँ भी हमारी पहचान का स्रोत हैं। यह हमारे दृष्टिकोण पर निर्भर करता है कि हम स्वयं से कितनी अपेक्षा रखते हैं और बदले में, यही हमारे स्वभाव को नियंत्रित करता और दूसरों के साथ हमारे व्यवहार पर असर डालता है।

हर व्यक्ति की अपनी अलग पहचान होती है। इसलिए यह आवश्यक है कि नैतिकता के प्रति सच्चे और सार्वभौमिक दृष्टिकोण को विकसित करने हुए हमें यह स्पष्ट एहसास होना चाहिए कि वह एक चीज, जो हमें एक-दूसरे से बाँधती है, हमारी साझा मानवता है। हम सारे सात अरब मनुष्य हैं। इस दृष्टिकोण से, हम सभी सौ प्रतिशत एक समान हैं।

सबसे पहले हम यह देखते हैं आखिर वह क्या चीज है जो हमें इनसान बनाती है। इसमें सर्वप्रथम शारीरिक सचाई आती है। हमारा शरीर बहुत-से अंगों,

हड्डियों, मांसपेशियों और रक्त से मिलकर बना है जिनमें असंख्य अणु और परमाणु हैं।

भौतिक स्तर पर बात करें तो किसी इनसान और चट्टान की मूल धातु में कोई अन्तर नहीं होता। भौतिक संरचना की दृष्टि से चट्टान और मानव शरीर, दोनों बहुत छोटे कणों के संयोग से बने हैं। आधुनिक विज्ञान कहता है कि इस ब्रह्मांड का समूचा पदार्थ अनवरत रूप से पुनर्चक्रित हो रहा है। बहुत-से वैज्ञानिक यह भी मानते हैं कि हमारे शरीर के अणु किसी विशिष्ट समय और स्थान पर नक्षत्रों का अंश थे।

तथापि यह बिलकुल साफ है कि मनुष्य, बनावट और प्रकृति में, चट्टान से बिलकुल भिन्न है। हम पैदा होते हैं, बड़े होते हैं और फिर पौधों एवं पशुओं की भाँति मर जाते हैं। लेकिन पौधों से भिन्न हमारी अपनी चेतना भी होती है। हमें पीड़ा महसूस होती है, सुख भी अनुभव होता है और हम सजीव हैं जिसे तिब्बती भाषा में 'सेमदेन' कहते हैं।

मैंने अपने दिवंगत मित्र फ्रांसिस्को वरेला के साथ, जो तंत्रिका जीव वैज्ञानिक थे, एक चर्चा के दौरान इसी विषय पर बात की थी कि पौधों और हमारे जैसे चेतन प्राणियों में मूलत: क्या अन्तर है। जहाँ तक मुझे याद है उन्होंने कहा था, "किसी प्राणी की यहाँ से वहाँ जाने की क्षमता ही वह मुख्य अन्तर है। यदि कोई प्राणी खतरे से बचने, जीवित रहने या फिर भोजन अथवा प्रजनन के उद्‌देश्य से अपने पूरे शरीर को एक स्थान से दूसरे स्थान पर ले जा सकता है तो उसे चेतन कह सकते हैं।" मुझे यह परिभाषा रोचक लगी क्योंकि इसका आशय था कि वैज्ञानिक दृष्टिकोण से भी, सुख और दुख महसूस करने तथा भावनाओं पर प्रतिक्रिया देने की क्षमता से चेतन प्राणियों को परिभाषित किया जाता है, चाहे फिर वह प्रतिक्रिया पूरी तरह या काफी सीमा तक प्राकृतिक हो। हैं। मूल रूप में देखें तो चेतना के साथ आसपास के वातावरण पर प्रतिक्रिया देने की क्षमता को हम, मोटे तौर पर, 'मस्तिष्क' कहते हैं।

मस्तिष्क की संरचना जैसे बृहत् विषय पर चर्चा के लिए यह जगह उपयुक्त नहीं है क्योंकि मनुष्य का मस्तिष्क अन्य प्राणियों से अलग होता है इसलिए संक्षेप में बात कहना पर्याप्त होगा।

आधुनिक विज्ञान के अनुसार मनुष्य को मुख्य रूप से इन्द्रियों, यानी दृश्य, ध्वनि, स्पर्श, स्वाद और गन्ध से प्राप्त हुई सूचना द्वारा अनुभव होता है। एक

अन्य स्तर पर, इन मूल संवेदनाओं से प्राप्त आत्मपरक अनुभव हैं। हम चाहें तो इन्हें सुखद, दुखद, निष्पक्ष या फिर सबके मिश्रण की तरह अनुभव कर सकते हैं। मुझे जितना पता है उसके अनुसार हम ऐसे संवेदी अनुभवों को सुखद या दुखद मानते हैं। उदाहरण के लिए, पक्षी और स्तनपायी जीव भी हमारी तरह इन संवेदी अनुभवों को महसूस करते हैं, जबकि दूसरी तरह के जानवर जैसे मछली या कीड़े-मकोड़े हमसे काफी अलग हैं।

विभिन्न प्रकार के प्राणियों में चेतना का विस्तार कितना भी विस्तृत और भिन्न क्यों न हो, चेतनापूर्ण अनुभव करनेवाले सभी प्राणी, सुखद अनुभव पसन्द करते हैं और पीड़ादायक अनुभवों से दूर रहना चाहते हैं। इस सन्दर्भ में मनुष्य, दूसरे प्राणियों से किसी भी तरह अलग नहीं हैं। उनकी तरह हम भी पीड़ा से बचते हैं और सुखद अनुभव प्राप्त करना चाहते हैं।

परन्तु यह मूलभूत झुकाव यदि चेतन प्राणियों को परिभाषित करनेवाली विशेषता बन जाए तो फिर मनुष्य विशेष श्रेणी में आ जाएँगे। यह स्पष्ट है कि मनुष्य केवल संवेदी अनुभवों पर प्रतिक्रिया देने से कहीं अधिक करने में सक्षम हैं। हम कुत्ते या बिल्लियों जैसे नहीं हैं जो केवल अपनी जन्मजात प्रकृति के अनुसार प्रतिक्रिया देते हैं। मनुष्य विकसित हो चुका है और हजारों वर्षों के विकास के दौरान हमारे अन्दर जबरदस्त बदलाव आया है जिसके चलते हम दूसरे पशुओं से पूरी तरह भिन्न हो गए हैं। हमारे मस्तिष्क के आकार में वृद्धि हुई है और अन्य पशुओं के मस्तिष्क के मुकाबले हमारा अग्र-वल्कल अधिक विकसित हो गया है।

मानव चेतना और संवेदना

मानव मस्तिष्क की जटिलता पर विचार करते समय मैं केवल बौद्धिक अथवा तार्किक प्रणाली और आत्म-चिन्तन की क्षमता की बात नहीं कर रहा हूँ। मैं उन सभी चेतन अनुभवों की बात कर रहा हूँ जिनमें केवल विचार, कल्पना और स्मृति ही नहीं, अपितु भावनाएँ और संवेदनाएँ भी शामिल हैं। मैं जब सामान्य सन्दर्भ में 'मस्तिष्क' या 'अनुभव' की बात करता हूँ तो मेरा आशय तिब्बती शब्दों सेम (मस्तिष्क) और शेपा (बोध) से होता है। ये दोनों शब्द केवल अंग्रेजी या अन्य पश्चिमी भाषाओं में 'मस्तिष्क' एवं 'मानसिक' जैसे शब्दों से जुड़ी बौद्धिक

गतिविधियों को ही इंगित नहीं करते बल्कि ये उन आन्तरिक अनुभवों के बारे में बताते हैं जिनमें भावनाएँ और संवेदनाएँ शामिल हैं और जिन्हें उन भाषाओं में आमतौर पर हृदय से सम्बन्धित बताया जाता है।

कुछ समय पहले पश्चिम के वैज्ञानिकों ने लम्बे समय से तिब्बती ध्यान का अभ्यास कर रहे भिक्षुओं पर तंत्रिका परीक्षण किए थे। वे इस अभ्यास का उनके शरीर पर प्रभाव देखना चाहते थे। उस अवसर पर मुझे बताया गया कि वैज्ञानिक, धर्मशाला स्थित नामग्याल मठ में भिक्षुओं के एक समूह के सामने अपने परीक्षण पर चर्चा कर रहे थे। तकनीक को दर्शाने के लिए वैज्ञानिकों में से एक ने सिर पर एक सफेद कैप लगाई जिसमें से बहुत-से तार और इलेक्ट्रोड बाहर निकल रहे थे। उसे देखकर कुछ भिक्षु हँसने लगे। वैज्ञानिकों को लगा कि वे भिक्षु, उस वैज्ञानिक के विचित्र प्रयोग तथा उसकी टोपी से जुड़े तारों को देख कर हँस रहे थे। लेकिन बाद में पता लगा कि वे इस बात पर हैरान होकर हँस रहे थे कि उस वैज्ञानिक के केवल सिर से तार जुड़े थे। यदि उस वैज्ञानिक का उद्देश्य करुणा, प्रेम अथवा दया जैसे गुणों को मापना था तो हृदय को भी आवश्यक क्यों नहीं समझा गया? इन दिनों आधुनिक वैज्ञानिक, मॉडल बनाने में पारंगत हैं। हमें इस बात से आश्चर्य नहीं होता कि आधुनिक विज्ञान, मस्तिष्क को अधिक प्राथमिकता देता है मगर अब वैज्ञानिकों ने भी अपने तरीकों में बदलाव किया है। वे हृदय में होनेवाले परिवर्तन को भी मापने का प्रयास करते हैं।

मनुष्य का मस्तिष्क दूसरे प्राणियों के मस्तिष्क से कितना भिन्न है, यह तुरन्त देखने को मिल जाता है। मनुष्यों में चीजों को याद रखने की दृढ़ और सूक्ष्म क्षमता होती है, जो दूसरे प्राणियों की तुलना में अधिक है। इसके कारण हम विचारों को अतीत में ले जा सकते हैं। साथ ही, हमारा मस्तिष्क अपने विचारों को आनेवाले समय यानी भविष्य में ले जा सकने की क्षमता भी रखता है। इसके अतिरिक्त हमारी कल्पना-शक्ति और प्रतीकों के माध्यम से बात को कहने की क्षमता भी अत्यन्त सशक्त है। जो बात सबसे अलग है वह शायद तर्कपूर्ण तरीके से अपना विचार व्यक्त करने की क्षमता है, जिसके माध्यम से हम चीजों का बारीकी से विश्लेषण कर पाते हैं और वास्तविक तथा काल्पनिक, दोनों ही तरह की परिस्थितियों में परिणाम जान पाते हैं। हालाँकि दूसरे प्राणियों में भी यह क्षमता सीमित स्तर तक होती है,लेकिन वे मनुष्य की इस क्षमता की बराबरी नहीं कर सकते।

इन विशेषताओं के अतिरिक्त हमारे पास एक और गुण है जो हमें मनुष्य के

रूप में पहचान दिलाता है : संवेदना महसूस करने की जन्मजात क्षमता। निस्सन्देह, ऐसा करनेवाले हम मनुष्य अकेले नहीं हैं। कुछ और भी प्राणी, सहानुभूतिपूर्ण व्यवहार का प्रदर्शन करते हैं। लेकिन यह मुख्य रूप से मनुष्य की विशेषता है। हम सड़क पर किसी अजनबी या प्राकृतिक आपदा से पीड़ित व्यक्ति या फिर टेलीविजन पर किसी को कष्ट में देखते हैं या इस विषय में रेडियो पर सुनते हैं तो हमारे मन में उस व्यक्ति के प्रति अन्दरूनी प्रतिक्रिया शुरू हो जाती है। हम सचमुच कुछ कर पाएँ या नहीं, यह अलग बात है लेकिन सड़क पर किसी अजनबी की सहायता या किसी व्यक्ति को टेलीविजन पर देखकर उसके कष्ट को कम करने की कोशिश करने की इच्छा हमारे भीतर जागृत हो जाती है।

इसी तरह हम जब किसी को मुश्किलों से जूझ कर उन पर विजय प्राप्त करता देखते हैं तो उस संवेदना को व्यक्त करने की जन्मजात क्षमता के चलते हम उस व्यक्ति की खुशी को साझा कर पाते हैं। मुझे लगता है हम सबको फिल्में, खेल और नाटक देखना तथा रोचक पुस्तकें पढ़ना इसलिए भी अच्छा लगता है क्योंकि उनसे मिलनेवाले रोमांच के अतिरिक्त, ये सभी साधन हमें दूसरों के दुख और सुख के साथ जुड़ने का मौका देते हैं। हमें संवेदना को अनुभव करने का अवसर मिलता है और हम खुद उस क्षण को जीना चाहते हैं। इसका एक उदाहरण देता हूँ। हमें छोटे बच्चों को मुस्कराते देखकर खुशी होती है और हम उन्हें देखकर मुस्कुराते हैं। हम उन्हें कहानी सुनाते हैं तो उनकी खुशी देखकर हमें खुशी होती है। इसी प्रकार हमें अपने प्रियजनों से मिलकर अच्छा लगता है। हर व्यक्ति दूसरे को कष्ट में न देखकर मुस्कुराते हुए देखना चाहता है।

हम सामाजिक प्राणी हैं यानी सामाजिक समुदाय का हिस्सा होने पर हमारा जीवन और विकास निर्भर करता है। इसलिए संवेदना को महसूस करने की क्षमता का, आनन्द एवं कल्याण की हमारी खोज पर गहरा प्रभाव पड़ता है।

आनन्द और कष्ट

मेरे विचार से हम सब सुख से जीना चाहते हैं और इस बात के लिए और अधिक स्पष्टीकरण की आवश्यकता नहीं है। कोई व्यक्ति जीवन में परेशानियाँ नहीं चाहता। हमारी शारीरिक संरचना भी इसी ओर इशारा करती है। चिकित्सा विज्ञान भी लगातार इस बात की ओर संकेत करता आया है कि जो व्यक्ति,

प्रसन्न और शान्त रहता है तथा सब तरह के भय और चिन्ताओं से मुक्त रहता है, उसी को स्वास्थ्य का भरपूर लाभ प्राप्त होता है। यह सामान्य ज्ञान की बात है कि बीमार लोग भी, जीवन में सकारात्मक दृष्टिकोण अपनाएँ तो प्रसन्न रह सकते हैं। इसलिए मैं मानता हूँ कि हमारा शरीर सुखी जीवन के लिए बना है। प्रसन्न मस्तिष्क से स्वस्थ मस्तिष्क तैयार होता है और स्वस्थ मस्तिष्क शरीर के लिए लाभकारी सिद्ध होता है।

लेकिन मनुष्य के आनन्द और कष्ट, पशुओं के सुख और दुख की तरह सीधे और सरल नहीं होते। किसी कुत्ते को अच्छा भोजन मिल जाए तो वह खुश होकर बरामदे में आराम से लेट जाता है। हमारे लिए भी यह प्रसन्नता का विषय हो सकता है लेकिन मनुष्य को सन्तुष्टि के लिए इतना पर्याप्त नहीं है।

मनुष्य द्वारा आनन्द प्राप्त करने और कष्ट से बचने का कभी न खत्म होनेवाला यह प्रयास, न केवल मानवता की सबसे बड़ी उपलब्धियों में से एक है, बल्कि यह शताब्दियों में हुए हमारे मस्तिष्क का विकास भी दर्शाता है। मेरे विचार से धर्म की अवधारणा भी इसी प्रयास से पैदा हुई है। इस लम्बे जीवन में हम ऐसी अनेक समस्याओं का सामना करते हैं जो हमारे नियंत्रण से बाहर होती हैं। ऐसे में आशा जगाए रखने और हिम्मत बनाए रखने के लिए हमने आस्था का सहारा लिया है और आस्था को दृढ़ रखने के लिए हम प्रार्थना की तरफ मुड़े हैं। प्रार्थना ही वास्तव में धर्म का मुख्य तत्त्व है। मैं यह भी कहना चाहता हूँ कि पिछली कई शताब्दियों में विज्ञान और तकनीक के क्षेत्र में मनुष्य द्वारा प्राप्त असाधारण उपलब्धियाँ भी कष्ट से बचने और आनन्द प्राप्ति की इच्छा से सम्भव हुई हैं।

हालाँकि मनुष्य की असाधारण मानसिक क्षमता, उसे दूसरे प्राणियों से अलग करती है और यही हमारी प्रजाति की आश्चर्यजनक सफलता का मूल कारण भी है। लेकिन हमारे मस्तिष्क की इस जटिलता से बहुत-सी परेशानियाँ और दुख भी उत्पन्न हुए हैं। संसार में आज जो भी समस्याएँ हमारे सामने हैं, उनमें से अधिकांश, जैसे हथियारबन्द युद्ध, गरीबी, अन्याय और पर्यावरण का ह्रास, मनुष्य की गतिविधियों के कारण पैदा हुई हैं। इसके अतिरिक्त हमारे अन्दर का भय, तनाव और चिन्ता भी व्यक्तिगत स्तर पर कष्ट के स्रोत हैं और ये सब भी हमारे मस्तिष्क की जटिलता और विचित्र कल्पनाओं से निकटता से जुड़े हैं।

मूलभूत समानता

हम सब आनन्द प्राप्ति और कष्ट से बचने के इस प्रयास के कारण एक समान हैं। इसीलिए हम एक जैसे हैं। यह महत्त्वपूर्ण बात है। हम यदि अपनी इस मूलभूत समानता को समझकर इसे अपने दैनिक दृष्टिकोण का हिस्सा बना सकें तो मुझे पूरा विश्वास है कि इससे हमारे समाज को तो लाभ मिलेगा ही, साथ में व्यक्तिगत स्तर पर भी हमें काफी फायदा होगा। मैं जब भी लोगों से मिलता हूँ—चाहे राष्ट्रपति हों या अधिकारी, गोरे या काले, छोटे, लम्बे, गरीब, अमीर या किसी भी राष्ट्र या धर्म को माननेवाले—तो मैं हमेशा उनके साथ साधारण मनुष्य की तरह मिलता हूँ। मैं यह मानता हूँ कि वे सब मेरी तरह खुश रहना और कष्टों से बचना चाहते हैं। इस दृष्टिकोण के साथ आगे बढ़ते हुए लोगों के साथ हमारा जुड़ाव बढ़ता है जबकि वे लोग कुछ देर पहले पूरी तरह अजनबी थे। हमारी शैक्षणिक योग्यता, सामाजिक स्थिति और जीवन की उपलब्धियों के बावजूद हम खुश रहना चाहते हैं और अपने छोटे-से जीवन में दुख से बचना चाहते हैं।

यही कारण है कि मैं हमेशा इस बात पर जोर देता हूँ कि हमें एक-दूसरे से अलग करनेवाले तत्त्व बहुत सतही हैं। जाति, भाषा, धर्म, लिंग, सम्पत्ति तथा हमें एक-दूसरे से अलग करनेवाली अन्य सभी विशेषताओं के बावजूद, हम अपनी मूलभूत मानवता के सन्दर्भ में एक समान हैं। इस समानता को विज्ञान भी मानता है। उदाहरण के लिए, मानव जीनोम की संरचना हमें बताती है कि जातिगत अन्तर, हमारी आनुवंशिक संरचना का बहुत छोटा-सा अंश है और बाकी तत्त्व लगभग एक समान हैं। वास्तव में, जीनोम के स्तर पर मनुष्य में दिखनेवाले अन्तर, जातियों में दिखनेवाले अन्तर से कहीं अधिक मुखर होकर सामने आते हैं।

इन बातों के सन्दर्भ में मेरा मानना है कि हमें इसी पहचान के आधार पर कि 'हम सब मनुष्य हैं' विचार करना और कार्य आरम्भ करना चाहिए।

3

आनन्द की खोज

मनुष्य केवल आशा के सहारे जीवित है और पारिभाषिक रूप से आशा का अर्थ है कुछ बेहतर होने की सम्भावना। मुझे लगता है हमारा जीवन ही भावी आनन्द की कल्पना पर निर्भर रहता है। हम यदि इस बात को स्वीकार कर लें कि लोग मूलत: कष्ट से दूर रहने और आनन्द खोजने का प्रयास करते हैं तो यह बात समझनी बाकी रह जाएगी कि आनन्द का मतलब क्या है और यह कैसे प्राप्त होता है। आनन्द एक साधारण शब्द है इसलिए इसे समझने में गलती होने की सम्भावना है। उदाहरण के लिए, यह स्पष्ट करना जरूरी है कि इस पुस्तक के धर्मनिरपेक्ष सन्दर्भ में, हम परम आनन्द की धार्मिक अवधारणा के बारे में बात नहीं कर रहे बल्कि यहाँ सामान्य और रोजमर्रा के सन्दर्भ में सहज आनन्द या हर्ष की बात हो रही है।

मैंने पहले भी कहा था कि हम जैसे जटिल प्राणियों के लिए आनन्द प्राप्त करना इतना सरल नहीं होता। उदाहरण स्वरूप, मनुष्य को मिलनेवाली खुशी, कुत्ते या बिल्ली की खुशी से अलग होती है और उसके लिए भूख-प्यास की सामान्य सन्तुष्टि से कुछ ज्यादा करने की जरूरत है। मनुष्य को मिलनेवाले आनन्द के स्रोत क्या हैं?

इस बात पर विचार करें तो तीन साधन तुरन्त ध्यान में आते हैं। मेरा मानना है और अधिकतर लोग इस बात से सहमत होंगे कि ये साधन मनुष्य को खुश रखने में महत्त्वपूर्ण भूमिका निभाते हैं : धन-सम्पत्ति या सम्पन्नता; स्वास्थ्य; तथा दोस्ती अथवा किसी का साथ।

सम्पन्नता, स्वास्थ्य और साथ

सम्पन्नता से शुरू करते हैं। क्या हमारी भौतिक स्थिति आनन्द को प्रभावित

करती है? बिलकुल करती है। आनन्द की प्राप्ति में भौतिक साधनों के महत्त्व को नकारना मूर्खता होगी। यहाँ तक कि पर्वत की खोह में रहनेवाले संन्यासी को भी भोजन और वस्त्र चाहिए। कुछ न्यूनतम भौतिक सुविधाओं के बिना मनुष्य के लिए सम्मानपूर्वक रहना सम्भव नहीं है। निस्सन्देह, कष्टों से बचने और आनन्द की खोज के लिए धन-सम्पत्ति एक महत्त्वपूर्ण साधन है।

कितना धन पर्याप्त होता है? हम तिब्बती भाषा में कई बार धन को कुंगा ढोंडुप कहते हैं। तिब्बती लोगों के लिए यह किसी आम व्यक्ति का नाम हो सकता है, मगर इसका अर्थ कुछ और है। जैसे, 'जो हमें खुशी दे और हमारी इच्छाओं को पूरा करे।' चूँकि धन हमें विकल्प और आज़ादी देता है, इसलिए लोग स्वाभाविक रूप से इसके प्रति आकर्षित होते हैं और इसे पाने की उनकी इच्छा पूरी नहीं होती। कभी-कभी मैं अपने तिब्बती श्रोताओं को कुंगा ढोंडुप के प्रति अनुराग को लेकर चिढ़ाता भी हूँ। हम तिब्बती लोग, धार्मिक परम्परा के अन्तर्गत भगवान बुद्ध के 'ॐ मणि पद्मे हूँ' मंत्र का उच्चारण करते हैं। हम लगातार, दूसरे कार्य करते समय भी मन में, इस मंत्र का उच्चारण करते रहते हैं : 'ॐ मणि पद्मे हूँ'। हम इसे 'ॐ मणि पद्मे हूँ' बोलते हैं लेकिन लोग जल्दी में इसका उच्चारण करते हैं तो यह बिगड़कर 'ॐ मणि पद्मे, ॐ मणि पद्मे...मणि पद्मे...ॐ मणि...मणि...मणि' हो जाता है और तब यह सुनने में ऐसा लगता है मानो वे अंग्रेजी में 'मनी, मनी, मनी' बोल रहे हैं!

यह तो खैर मज़ाक की बात है, लेकिन इसमें सन्देह नहीं कि धन-सम्पत्ति के अपने लाभ हैं। इनसान को अच्छा घर, स्वस्थ वातावरण, पौष्टिक भोजन और साफ पानी चाहिए। ये हमारी मूलभूत आवश्यकताएँ हैं। इस नाते ये इनसान को खुश रखने के लिए बेहद जरूरी हैं।

धन-सम्पन्नता के अन्य लाभ जैसे नया घर, नई गाड़ी, नया टेलीफोन आदि सुविधा और सुख में अस्थायी वृद्धि बेशक कर दें, लेकिन इस बात की गारंटी नहीं है कि इनसे हमें स्थायी सन्तोष मिलेगा या सुख में वृद्धि होगी। बल्कि सच यह है कि भौतिक साधनों के बढ़ने से चिन्ता, तनाव और बेचैनी में भी वृद्धि होती है तथा मनुष्य पहले की अपेक्षा अधिक क्रोधी और चिड़चिड़ा हो जाता है।

एक रोचक बात यह है कि मनोवैज्ञानिकों तथा समाज-विज्ञानियों ने हाल के वर्षों में ऐसे अनेक प्रमाण जुटाए हैं जिनसे स्पष्ट होता है कि भौतिक साधनों के बढ़ने से 'मानसिक खुशहाली' पर केवल अस्थायी प्रभाव पड़ता है। अध्ययन

बताते हैं कि किसी नयी वस्तु की खरीद से प्राप्त रोमांच जब ठंडा पड़ जाता है तो हमारी खुशी भी बहुत तेजी से पहले वाले स्तर पर लौट आती है। तिब्बत की बोलचाल भाषा में हमारे पास इस तथ्य को समझाने के लिए एक अभिव्यक्ति है, हालाँकि मुझे नहीं पता कि अन्य भाषाओं में इसे कैसे बोला जाता है। कोई व्यक्ति जब किसी नई वस्तु को पाकर रोमांचित होता है तो हम ऐसे व्यक्ति को *असर सापो* कहते हैं, यानी 'बहुत असर,' जहाँ *सर* का अर्थ है 'नया'। इसका अर्थ यह है कि ऐसा व्यक्ति न केवल लोभी है बल्कि उत्तेजित और अधीर भी है—वह हमेशा नवीनतम प्रचलन और नए सामान को पाने के लिए भागता रहता है। मुझे लगता है कि आधुनिक उपभोक्तावादी संस्कृति, इसी तरह की अधीरता को बढ़ावा देती है।

प्राकृतिक संसाधनों से लेकर परिवारों तक में हो रहे संघर्षों में हमारे भौतिक मूल्य, अधिकांश समस्याओं का कारण बन चुके हैं। भौतिक सम्पन्नता द्वारा आनन्द मिलने की गारंटी नहीं है। सच कहूँ तो मैं बहुत-से ऐसे धनाढ्य, यहाँ तक कि अरबपति लोगों से मिल चुका हूँ जो अकेले में स्वीकार करते हैं कि वे निजी तौर पर जीवन में असन्तुष्ट और निराश हैं। सम्पन्नता, लोगों के इर्द-गिर्द एक तरह का कवच बना देती है जिससे अकेलापन पैदा हो जाता है। इसलिए कुंगा ढोंडुप, एक ऐसा मित्र है जिस पर विश्वास नहीं किया जा सकता और जो अपने साथ बहुत-सा कष्ट भी लाता है। भौतिक सम्पन्नता जहाँ एक ओर तनाव और निराशा पैदा करती है, वहीं प्रेम तथा दया पर आधारित मानसिक सम्पन्नता से ऐसा कोई खतरा नहीं है। इससे स्पष्ट होता है कि हमें किस तरह की सम्पन्नता अर्जित करने का प्रयास करना चाहिए।

आप कह सकते हैं कि धन-सम्पत्ति, हमें एक तरह से सुरक्षा और सन्तुष्टि देती है, जो चिरस्थायी है। यह शायद सच है, लेकिन भौतिक सम्पत्ति भी कितनी सुरक्षित है? समय-समय पर होनेवाली प्राकृतिक आपदाएँ हमें याद दिलाती हैं कि हम जिसे भौतिक सुरक्षा समझते हैं, वह वास्तव में कितनी कमजोर है।

इसी कारण हमारी अन्दरूनी या मानसिक अवस्था, धन-सम्पत्ति और प्रतिष्ठा से अधिक महत्त्वपूर्ण है। किसी गरीब परिवार के सदस्यों के बीच यदि स्नेह, करुणा और विश्वास है तो भी वे लोग आनन्दपूर्वक रह सकते हैं। उनके अमीर पड़ोसियों के पास चाहे सुविधाएँ अधिक हों, लेकिन यदि सन्देह या असन्तोष का भाव उनके मन पर हावी है तो उन्हें वास्तविक खुशी नहीं मिल सकती। यह

व्यावहारिक ज्ञान का विषय है। मानसिक अवस्था ही असली कुंजी है।

हाल के समाज-विज्ञान सम्बन्धी शोध ने दर्शाया है कि सम्पत्ति से मिलनेवाले मानसिक लाभ न केवल अस्थायी होते हैं, बल्कि जहाँ सम्पत्ति का वितरण समान रूप से किया गया हो, उस समाज में सन्तोष का स्तर उस समाज की अपेक्षा अधिक होता है जहाँ अमीर और गरीब के बीच फासला अधिक होता है। यह तथ्य फिर इसी बात को इंगित करता है कि खुशहाली को वस्तु-परक भौतिक ढंग से मापना सम्भव नहीं है और यह आनन्द का भाव, सम्पत्ति के साथ व्यक्ति के सम्बन्ध या उसके मानसिक दृष्टिकोण को प्रभावित करनेवाले अनेक सन्दर्भ-गत कारणों पर निर्भर करता है।

स्वास्थ्य के विषय में क्या विचार है? क्या स्वास्थ्य भी खुशहाली का स्रोत है? हाँ, बिलकुल है। हम सबको अनुभव है कि लगातार दर्द या असहजता की अवस्था में सकारात्मक दृष्टिकोण बनाए रखना बहुत कठिन होता है। इसलिए शारीरिक स्वास्थ्य की देखभाल करना बड़ा जरूरी है। हमें पौष्टिक भोजन, पर्याप्त नींद और थोड़ा व्यायाम चाहिए। हमें बीमार पड़ने पर योग्य चिकित्सक की सलाह लेनी चाहिए और उसके बताए इलाज को ठीक से करना चाहिए। इतना तो स्पष्ट है। यदि हम स्वास्थ्य को शारीरिक विषय मानकर केवल शरीर पर ध्यान दें और मानसिक एवं भावनात्मक पहलुओं को नज़रअन्दाज कर दें तो यह हमारी भूल है। अच्छे शारीरिक स्वास्थ्य तथा खुश रहने के बीच कोई आवश्यक या प्रत्यक्ष सम्बन्ध नहीं है। क्या यह सम्भव नहीं है कि कोई स्वस्थ और तगड़े शरीर वाला व्यक्ति भी दुखी हो? वास्तव में, ऐसा होना सामान्य बात है। क्या कोई गरीब या बहुत गरीब व्यक्ति प्रसन्न नहीं रह सकता? मुझे विश्वास है कि ऐसा अवश्य हो सकता है। क्या यह जरूरी है कि वृद्ध लोग, शारीरिक दुर्बलता के कारण ही दुखी रहते हैं? बिलकुल नहीं! हालाँकि शारीरिक स्वास्थ्य, मनुष्य के आनन्द में योगदान देता है लेकिन वह उस खुशी का एकमात्र स्रोत नहीं है। मैं फिर यही कहूँगा कि आनन्द का वास्तविक स्रोत, व्यक्ति की मानसिक अवस्था, उसका दृष्टिकोण, प्रेरणा तथा दूसरों के प्रति स्नेह का भाव है।

अब हम दोस्ती पर बात करते हैं। निस्सन्देह हमारे करीबी दोस्त, जिनके साथ हम समय बिताते और अपने अनुभव बाँटते हैं, बेहद जरूरी होते हैं। मनुष्य एक सामाजिक प्राणी है, इसलिए खुश रहने के लिए अन्य लोगों के साथ सम्बन्ध बनाना महत्त्वपूर्ण होता है। हालाँकि हमें सच्चे और ऊपरी सम्बन्धों के अन्तर को

भी समझना चाहिए। ऊपरी सम्बन्धों से केवल ऊपरी लाभ होते हैं। यह सच है कि समाज में लोग पैसा, सामाजिक प्रतिष्ठा और रंग-रूप पर काफी ध्यान देते हैं। लेकिन आकर्षण का असली कारण क्या है? क्या यह सम्भव है कि ऐसे लोग सच्चे मित्र न होकर केवल धन, प्रतिष्ठा और रंग-रूप को चाहते हैं? यदि ऐसा है तो हमारी धन-सम्पत्ति कम हो जाने पर क्या होगा? यदि हमारा रंग-रूप और प्रतिष्ठा न रहे तो क्या होगा? क्या ये मित्र फिर भी हमारा साथ देंगे या हमसे दूर हो जाएँगे? ऐसे में, इन दोस्तों के बहुत जल्दी गायब हो जाने का खतरा ज्यादा रहता है।

यह सही है कि सच्ची मित्रता केवल विश्वास और स्नेह पर आधारित होती है और ऐसा तभी सम्भव है जब हमें एक-दूसरे का ध्यान रखें और सम्मान करें। विश्वास और प्रेम से अकेलापन दूर हो जाता है। ये भाव दूसरे लोगों की बाहरी मौजूदगी या दोस्ती के दिखावे से नहीं बल्कि दूसरों के प्रति हमारे दृष्टिकोण और सम्मान से पैदा होते हैं। इन भावनाओं का असली स्रोत हमारे भीतर छिपा है।

मैं बहुत साल पहले स्पेन गया था। वहाँ मेरी मुलाकात एक ईसाई भिक्षु से हुई जो पिछले पाँच वर्ष से एक मठ के पिछले हिस्से में रहता था। मैंने उससे पूछा कि उसने वहाँ इतना समय क्या किया? उसने कहा कि वह ध्यान में मग्न रहता था और उसके ध्यान का विषय प्रेम था। उसने यह बात मुझसे भी ज्यादा टूटी-फूटी अंग्रेजी में कही थी लेकिन उसकी आँखों का भाव इतना गहरा था कि कुछ और कहने की आवश्यकता नहीं थी। यह ऐसे व्यक्ति का उदाहरण है जो अकेला रहता था लेकिन उसने अकेलापन महसूस नहीं किया। करुणा और उदारता का भाव सर्वोपरि है और यह हमें दूसरों से जोड़ता है। ऐसे बहुत-से लोग हैं जिनके असंख्य दोस्त और प्रशंसक दिखाई पड़ते हैं लेकिन फिर भी वे अकेलापन महसूस करते हैं। मैं ऐसे लोगों को याद दिलाना चाहता हूँ कि दूसरों के प्रति स्नेह, सद्भाव और दया का दृष्टिकोण रखना ही इस तरह के अकेलेपन का एकमात्र इलाज है।

सन्तोष के दो स्तर

इस विमर्श से पता लगता है कि आनन्द पर चर्चा करते समय हम प्राय: सन्तोष के दो स्तरों को, जो परस्पर भिन्न और आज़ाद हैं, आपस में मिला देते हैं। दूसरी

ओर, कुछ आनन्दमय भाव हैं जिनका एहसास हमें संवेदी अनुभवों द्वारा होता है। सम्पत्ति, स्वास्थ्य और दोस्ती इन सबका ऐसी भावनाओं में बड़ा योगदान है। दूसरी ओर, सन्तोष का इससे गहरा स्तर है जो बाहरी वातावरण से नहीं अपितु अपनी मानसिक अवस्था से प्राप्त होता है। यह सन्तोष का दूसरा स्तर है, जो हमारे भीतर है। आनन्द के विषय में बात करते समय मैं इसी स्तर का उल्लेख करता हूँ।

सन्तोष का पहला स्तर, संवेदी उत्तेजना पर निर्भर होने के कारण दुर्बल और क्षणभंगुर होता है। ऐसे सुख केवल बाहरी कारण मौजूद होने तक ही रहते हैं और उस कारण के समाप्त हो जाने के बाद ये सुख हमारी खुशहाली को स्थायी नहीं बना पाते। उदाहरण के तौर पर, बहुत-से लोग खेल देखने में काफी समय बिता देते हैं। खेल खत्म होने के बाद क्या बचता है? इससे कौन-सा दीर्घकालिक लाभ मिलता है?

संवेदी उत्तेजना पर आधारित सुख, किसी कामना की सन्तुष्टि के स्तर तक सीमित होते हैं। यदि हम कामना की पूर्ति में लग जाएँ तो वह कष्ट का कारण बन सकती है। यहाँ तक कि भोजन से मिलनेवाला सुख भी, ज्यादा खा लेने पर तकलीफ दे सकता है।

मेरा कहने का आशय यह नहीं है कि ऐसे सुख पूरी तरह व्यर्थ हैं। मैं केवल यह कहना चाहता हूँ कि उनसे मिलनेवाली सन्तुष्टि अस्थायी होती है और यह आकांक्षाओं का नया चक्र शुरू कर देती है। आज के आधुनिक युग में, जहाँ आन्तरिक मूल्यों की प्राय: उपेक्षा कर दी जाती है, संवेदी उत्तेजना का शिकार हो जाना बहुत आसान है। मैंने कई बार देखा है यदि लोग संगीत, टेलीविजन या टेलीफोन से दूर हों तो वे बुरी तरह ऊब जाते हैं या बेचैन होने लगते हैं। उनके लिए समय बिताना कठिन हो जाता है। यह तथ्य इस बात की ओर संकेत करता है कि उनकी खुशी, सन्तोष के संवेदी स्तर पर कितनी ज्यादा निर्भर करती है।

सन्तोष के दूसरे और भीतरी स्तर का क्या? वह कहाँ से आता है? उसे कैसे प्राप्त किया जा सकता है? सबसे पहले यह समझना जरूरी है कि असल खुशी के लिए मानसिक शान्ति और स्थिरता का होना आवश्यक है। यदि हमारे पास ये दोनों उपलब्ध हैं तो फिर कठिनाई नहीं होती। आन्तरिक शान्ति से मिलनेवाली ताकत और मानसिक स्थिरता की सहायता से हम सब तरह की परेशानियों से निपट सकते हैं।

हमारे आनन्द में मस्तिष्क की भूमिका को आसानी से दर्शाया जा सकता है। दो ऐसे लोगों की कल्पना कीजिए जो कैंसर जैसी घातक और लाइलाज बीमारी से पीड़ित हैं। एक व्यक्ति को यह खबर सुनकर गुस्सा आता है और वह निराश होकर इस परिस्थिति को अनुचित ठहराने लगता है, जबकि दूसरा व्यक्ति उस स्थिति को शान्ति से स्वीकार कर लेता है। शारीरिक स्वास्थ्य और पीड़ा के सन्दर्भ में बाहरी स्थिति दोनों के लिए एक जैसी है। लेकिन पहला व्यक्ति, अपनी स्थिति में मानसिक एवं भावनात्मक कष्ट जोड़कर उसे बढ़ा लेता है, जबकि दूसरा व्यक्ति, शान्ति से जीवन काटता है तथा परिवार या अन्य चीज़ों में मन लगाकर या किताबें पढ़कर खुशी तलाश लेता है। इन दोनों व्यक्तियों में मूल अन्तर उनकी मानसिक स्थिति का है।

अन्दरूनी ताकत की सहायता से, विपरीत परिस्थितियों में भी खुश रहा जा सकता है। लेकिन भीतर की शक्ति के बिना, तरह-तरह के बाहरी सुख, हमें सच्चा आनन्द देने में असमर्थ होते हैं।

यदि हम मानसिक शान्ति द्वारा कठिनाई और कष्ट से लड़ने की कोशिश करते हैं तो हमें आनन्द की वृद्धि में बहुत-से अन्य महत्त्वपूर्ण कारकों का योगदान मिलने लगता है। हाल में हुआ एक वैज्ञानिक शोध यह बताता है कि इन कारकों में हमारा उद्देश्य, एक प्रमुख कारक है जो संकीर्ण आत्म-लाभ और दूसरों से जुड़ने या सामुदायिक भावना से परे है। मेरा मानना है कि इन दोनों के मूल में करुणा या स्नेह होता है और मैं अब आगे इसी पर बात करूँगा।

4

करुणा : कल्याण की नींव

अन्य सभी स्तनपायी प्राणियों की भाँति मनुष्य भी माता के गर्भ से पैदा हुए हैं और जन्म के कुछ समय बाद तक पूरी तरह माता और देखभाल के लिए वयस्क लोगों पर निर्भर रहते हैं। हमारी माता नौ महीनों तक हमें गर्भ में पालती है और जन्म के समय हम असहाय होते हैं। हम न बैठ सकते हैं, न रेंग सकते हैं। हमारे लिए खड़ा होना या चलना तो दूर की बात, देखभाल के बिना जीवित रहना भी सम्भव नहीं है। उस असहाय अवस्था में नवजात शिशु के रूप में हम सबसे पहले माता का दूध पीना आरम्भ करते हैं। माता के दूध से हमारा पोषण होता है और हमें ताकत मिलती है। सच कहा जाए तो मनुष्य प्रजाति में दूसरों पर निर्भर रहने की यह अवधि काफी लम्बी होती है। और यह बात सबके लिए, यहाँ तक कि बुरे से बुरे अपराधियों पर भी लागू होती है। किसी की स्नेहमयी देखभाल के बिना हमारे लिए कुछ दिन से अधिक जीवित रहना असम्भव है। हमारे आरम्भिक विकास के दौरान दूसरों पर हमारी निर्भरता के परिणामस्वरूप स्वभाव में प्रेम जागृत होना हमारे शारीरिक विज्ञान का अभिन्न अंग बन जाता है।

यह ऐसी विशेषता है जो बहुत-से दूसरे स्तनपायी पशुओं तथा कुछ पक्षियों में भी पाई जाती है। ये प्राणी जीवन के आरम्भिक काल में दूसरों की देखभाल पर निर्भर रहते हैं। इनमें साफ तौर पर एक-दूसरे के प्रति लगाव की भावना विकसित हो जाती है। यदि हम इसे स्नेह न कहें, तो भी उनमें परस्पर निकटता का भाव अवश्य होता है। इसके विपरीत कछुए और तितलियाँ बिलकुल अलग होते हैं। ये जीव, अंडे देकर उन्हें अकेला छोड़ देते है और फिर कभी पलटकर

अपने बच्चों की तरफ नहीं देखते। ऐसे प्राणियों के बच्चों को देखभाल का समय नहीं मिलता। मैं कभी-कभी सोचता हूँ क्या उन्हें स्नेह के विषय में कुछ पता होता है? हाल में, ऑक्सफोर्ड विश्वविद्यालय में एक भाषण के दौरान मैंने मजाक में कहा कि दर्शकों में बैठे कुछ वैज्ञानिकों को इस विषय पर शोध करना चाहिए। उदाहरण के लिए, क्या ऐसे पशु, जिनकी बचपन में देखभाल नहीं हो पाती, अपने माता-पिता को पहचानते होंगे? मुझे इसमें थोड़ा सन्देह है और इसे जानने में मेरी रुचि भी है।

मनुष्यों की देखभाल लम्बे समय तक चलती है। इसलिए हमारे जीवित रहने तथा स्वास्थ्य और कल्याण के सन्दर्भ में प्रेम एवं देखभाल की महत्त्वपूर्ण भूमिका है। हाल में हुए चिकित्सा शोध बताते हैं कि देखभाल करनेवाले लोगों अथवा माता का शारीरिक स्पर्श, बच्चे के मस्तिष्क के आकार की वृद्धि में महत्त्वपूर्ण तत्त्व होता है। आधुनिक मनोविज्ञान इस बात की पुष्टि करता है कि बचपन में हमारी जितनी अधिक देखभाल होती है, हमारे भावनात्मक एवं मनोवैज्ञानिक विकास पर उतना ही गहरा प्रभाव पड़ता है। शोध यह बताते हैं कि बचपन में जिन लोगों की प्रेमपूर्वक देखभाल नहीं हो पाती, उनके बाद के जीवन में असुरक्षा का भाव उतना ही ज्यादा होता है।

मुझे कुछ वर्ष पहले एक कार्यक्रम के विषय में पता लगा जहाँ पर लैटिन अमेरिका के कुछ संकटग्रस्त इलाकों में अनाथालय द्वारा बच्चों की देखभाल की दिशा में काफी सुधार हुआ। इस कार्यक्रम में हुए मनोवैज्ञानिक शोध से मिले परिणाम से यह प्रयोग किया गया है। ये प्रयोग बहुत सरल हैं और सामान्य ढंग से किए जा सकते हैं। इनमें मनुष्य के हृदय की आत्मीयता और मानसिक एवं शारीरिक विकास में प्रेम तथा अपनेपन की महत्त्वपूर्ण भूमिका को दर्शाया जाता है। इन पद्धतियों में छोटे विश्राम-गृहों में बच्चों के रहने का प्रबन्ध होता है तथा कुछ लोगों को बच्चों की देखभाल का दायित्व दिया जाता है ताकि उनमें पारिवारिक सम्बन्ध विकसित करने की सम्भावना पैदा हो सके। नवजात शिशुओं की देखभाल करनेवाले लोगों को शारीरिक स्पर्श की महत्ता बताई जाती है। उन्हें बच्चों के साथ अधिक से अधिक शारीरिक सम्पर्क रखने और बच्चों से बात करते एवं उनके नैपकिन आदि बदलने समय आँखों में देखने को कहा जाता है। ऐसे उपाय हालाँकि बहुत सरल है, लेकिन इनसे मनुष्य के जीवन पर गहरा प्रभाव पड़ता है।

हम बचपन में दूसरों पर ज्यादा निर्भर रहते हैं लेकिन यह बात वहीं खत्म नहीं हो जाती। जीवन में किसी भी तरह की परेशानी होने पर हमें सहायता की आवश्यकता होती है। उदाहरण के लिए, बीमारी में चिकित्सक की जरूरत होती है। हमें जीवन-भर अच्छे स्वास्थ्य के लिए देखभाल और प्रेम की आवश्यकता है। बीमारी को दूर करने में केवल सही चिकित्सा और दवाई का ही महत्त्व नहीं है, अपितु उचित देखभाल भी उतनी ही महत्त्वपूर्ण है।

मुझे इस बात का आभास तब हुआ जब मुझे पित्ताशय के ऑपरेशन के लिए दिल्ली के एक अस्पताल में भर्ती किया गया था। वह छोटा-सा ऑपरेशन था लेकिन उसमें कई कठिनाइयाँ पैदा हो सकती थीं। जिस ऑपरेशन में केवल बीस मिनट का समय लगना था, उसे पूरा होने में चौबीस घंटे लग गए। मुझे अस्पताल से ठीक होकर जाने में कई दिन लग गए। सौभाग्य से, उस अस्पताल के डॉक्टरों और नर्सों का स्वभाव इतना दयालु और स्नेहमयी था कि मुझे याद है मैंने अपने दिन बड़ी प्रसन्नता से और हँसकर बिताए। मुझे बिलकुल सन्देह नहीं कि मेरे जल्दी ठीक हो जाने के पीछे दवाइयों के अतिरिक्त अस्पताल के आत्मीय और प्रसन्नता-भरे माहौल का बड़ा योगदान था।

हमें जीवन के अन्तिम पड़ाव पर भी दूसरों से प्रेम और उदारता की अपेक्षा रहती है। इस संसार को छोड़कर जाते समय उपेक्षा, वैमनस्य या मतभेद एवं दुख की तुलना में प्रेम, करुणा, शान्ति और प्रसन्नता का माहौल कितना अच्छा होता होगा! तर्कसंगत दृष्टिकोण से देखें तो अन्तिम समय में दूसरों के मत का हमारे ऊपर प्रभाव नहीं पड़ना चाहिए क्योंकि हमारे जाने के बाद दूसरों का दृष्टिकोण महत्त्व नहीं रखता। लेकिन हमें फिर भी इस बात की चिन्ता रहती है। अन्त समय में हमारे बारे में दूसरों का अच्छा विचार हमारे लिए बहुत महत्त्व रखता है। यह मानव स्वभाव की विशेषता है।

निस्सन्देह, प्रेम और अपनेपन पर निर्भर रहनेवाला मनुष्य अकेला प्राणी नहीं है। वैज्ञानिक शोध और अध्ययन बताते हैं कि हमारी तरह बहुत-से अन्य स्तनपायी जीव भी इसी तरह की अपेक्षा रखते हैं। उदाहरण के लिए मैंने बन्दरों के स्वभाव पर कुछ वैज्ञानिकों से हाल में एक चर्चा सुनी थी। उनका मानना था कि जन्म के समय अपनी माँ के साथ रहनेवाले बन्दर, दूसरे बन्दरों की तुलना में कहीं अधिक खुश रहते हैं। इसके विपरीत, अपनी माताओं से बिछुड़ जानेवाले बन्दरों के स्वभाव में क्रोध और हिंसा की प्रवृत्ति अधिक देखने को मिलती है।

इससे पता लगता है कि ऐसे बन्दर भावनात्मक रूप से बहुत उग्र होते हैं और उनके भीतर सुरक्षा का अभाव होता है। एक और अध्ययन से पता लगा कि चूहों के आरम्भिक शारीरिक विकास में भी देखभाल की बड़ी भूमिका होती है। यहाँ तक कि ऐसे चूहे, जिन्हें उत्प्रेरक वातावरण में बड़ा किया गया था, सहलाने पर सकारात्मक प्रतिक्रिया देते थे। धीरे-धीरे देखभाल से उनके उत्तेजक व्यवहार में कमी आ गई। वैज्ञानिक इन दुर्भाग्यपूर्ण प्राणियों के मस्तिष्क में होनेवाले परिवर्तनों को भी देख पाए जिनसे पता लगता है कि प्यार-भरी देखभाल से इनके मस्तिष्क में राहत देनेवाले रसायनों का स्राव होता है और शरीर में तनाव पैदा करनेवाले हार्मोन के स्तर में कमी आती है।

इससे मेरा यह आशय नहीं है कि हमारा स्वभाव पूरी तरह हमारे प्रति दूसरों के व्यवहार पर निर्भर करता है। हमें मिलनेवाली आत्मीयता और स्नेह से अधिक महत्त्वपूर्ण हमारे द्वारा दिया अपनापन और प्रेम है क्योंकि दूसरों को आत्मीयता और प्रेम देने और उनकी सच्चे मन से चिन्ता—दूसरे शब्दों में कहें तो करुणा—द्वारा ही हमें सच्ची खुशी प्राप्त हो सकती है। इसी कारण प्रेम पाने से अधिक प्रेम देने का महत्त्व है।

बहुत-से लोग यह सोचने की भूल करते हैं कि करुणा एक धार्मिक क्रिया है। ऐसा बिलकुल नहीं है। यह सच है कि अधिकांश धार्मिक परम्पराओं में करुणा को महत्त्वपूर्ण माना जाता है लेकिन यह अपने आप में कोई धार्मिक मूल्य नहीं है। मैं पहले कह चुका हूँ कि बहुत-से प्राणी इसे भली-भाँति महसूस करते हैं और स्तनपायी पशुओं में तो निश्चित तौर पर इसकी क्षमता देखने को मिलती है।

कुछ लोग यह भी मानते हैं कि करुणा का भाव, अपने लिए नहीं बल्कि दूसरों के लिए हितकारी होता है। यह गलत बात है। हमारे मन में व्याप्त दया से दूसरों को मिलनेवाला लाभ कई और बाहरी बातों पर निर्भर करता है जो हमारे नियंत्रण में नहीं हैं। मगर करुणा से दूसरों को लाभ हो या न हो, हमें इससे अवश्य लाभ होता है। हमारे मन में करुणा अथवा आत्मीयता पैदा होने से हमारा ध्यान संकीर्ण स्वार्थ से हट जाता है। ऐसा लगता है मानो हमने भीतर का कोई द्वार खोल दिया है। करुणा से हमें लाभ मिलता है, इससे आत्मविश्वास में वृद्धि होती है और हमें भीतरी शक्ति प्राप्त होती है। अविश्वास की भावना कम होने पर दूसरों को स्वीकार करना आसान हो जाता है। हमें दूसरों के साथ जुड़ने और

जीवन को अधिक सार्थक व उद्देश्यपूर्ण बनाने का अवसर मिलता है। करुणा द्वारा हमें अपनी परेशानियों से भी राहत मिलती है।

कुछ समय पहले मैं भारत के एक महत्त्वपूर्ण बौद्ध तीर्थ-स्थल बोध गया में था। वहाँ मुझे पेट का संक्रमण हो गया और मेरे पेट में इतना तेज दर्द उठा कि मुझे बहुत-से कार्यक्रम रद्द करने पड़े। मुझे दुखा था कि मैंने हजारों लोगों को निराश किया जो मुझे सुनने बहुत दूर से आए थे। लेकिन मुझे तुरन्त अस्पताल जाना पड़ा। इस दौरान मेरी गाड़ी ग्रामीण भारत के कुछ सबसे गरीब क्षेत्रों से होकर गुजरी थी।

मेरे पेट में बहुत दर्द था। सड़क पर गड्ढे आने से दर्द और तेज़ उठ जाता था। मैंने गाड़ी की खिड़की से बाहर देखा तो मुझे चारों ओर गरीबी नजर आई। कुपोषण के शिकार निर्वस्त्र बच्चे, मिट्टी में घूम रहे थे। मैंने एक बूढ़े आदमी को सड़क के किनारे चारपाई पर लेटा देखा। मुझे लगा वह अकेला है। उसकी देखभाल करनेवाला कोई नहीं था। गाड़ी आगे बढ़ रही थी मगर मैं उस क्षेत्र की गरीबी और वहाँ के लोगों की परेशानी के बारे में सोच रहा था। बाद में मैंने ध्यान दिया कि मेरे विचार जैसे-जैसे अपने कष्ट से दूर होकर दूसरे लोगों की परेशानियों से जुड़ने लगे, मेरा दर्द काफी कम हो गया।

इससे स्पष्ट है कि दूसरों की परेशानी को समझने से हमारा भी लाभ होता है। इस बात को वैज्ञानिक शोध भी मानने लगा है। हमें इसके वैज्ञानिक प्रमाण मिलने लगे हैं कि प्रेम, उदारता और विश्वास आदि से व्यक्ति को न केवल मनोवैज्ञानिक लाभ होता है बल्कि शारीरिक स्वास्थ्य में भी वृद्धि होती है। मैं हाल में हुए एक अध्ययन के विषय में जानता हूँ जिसके माध्यम से पता लगा कि प्रेम और करुणा के सायास विकास द्वारा डीएनए को प्रभावित किया जा सकता है। ऐसा करने से हमारे डीएनए के टेलोमर्स नाम के अंश प्रभावित होते हैं जिनका सम्बन्ध आयु बढ़ने की प्रक्रिया से होता है।

यह भी शोध में दर्शाया जा चुका है कि तनाव और क्रोध जैसे नकारात्मक भाव, बीमारी और संक्रमण से लड़ने की हमारी क्षमता को कम करते हैं। मेरे एक वैज्ञानिक मित्र ने बताया कि इस तरह निरन्तर रूप से नकारात्मक भाव रखने से हमारी रोग प्रतिरोधक क्षमता पर बुरा असर पड़ता है।

मैंने कई साल पहले न्यूयॉर्क के कार्यक्रम में हिस्सा लिया था जहाँ एक चिकित्सीय वैज्ञानिक ने बताया कि जो लोग प्रथम-पुरुष सर्वनाम जैसे 'मैं', 'मेरा',

आदि का अधिक प्रयोग करते हैं उन्हें, ऐसा न करनेवालों की अपेक्षा, दिल का दौरा पड़ने का खतरा अधिक होता है। उस समय इसका कोई स्पष्टीकरण नहीं दिया गया था। लेकिन मेरे विचार से इसका आशय बहुत साफ है। प्रथम-पुरुष सर्वनाम का अधिक इस्तेमाल करने से पता लगता है कि व्यक्ति अपने विषय में अधिक सोचता है। ऐसे लोग तनाव और बेचैनी के शिकार हो जाते हैं और हम जानते हैं कि तनाव और बेचैनी, हृदय के लिए हानिकारक हैं। मैं यह भी कहना चाहता हूँ कि वे लोग, जो अपने विषय में बात करते हैं और इस बात को ईमानदारी से स्वीकार भी करते हैं, उनसे कहीं बेहतर हैं जो स्वार्थी हैं, लेकिन मन में करुणा और दया होने का दिखावा करते हैं!

एक ओर मानसिक और भावनात्मक अवस्था तथा दूसरी ओर, कल्याण एवं स्वास्थ्य के बीच का अभिन्न सम्बन्ध बताता है कि हमारे शरीर की मूल संरचना, सकारात्मक भावों की ओर प्रेरित करती है। मैं जैसा कि पहले कह चुका हूँ, प्रेम और स्नेह के प्रति आसक्ति, हमारे शरीर रक्त-कणों में शामिल है।

अपना हित देखना गलत नहीं है, बल्कि यह आनन्द प्राप्ति और कष्ट से बचने के हमारे मूल स्वभाव की स्वाभाविक अभिव्यक्ति है। हम अपनी जरूरतों का ध्यान रखते हैं, इसलिए हम दूसरों के मन में व्याप्त दया और प्रेम को भी समझ पाते हैं। यदि हम अपने हितों का जरूरत से ज्यादा ध्यान रखने लगें तो यह प्रवृत्ति नकारात्मक हो जाती है। इससे हमारी दृष्टि संकुचित हो जाती है और चीजों को व्यापक परिप्रेक्ष्य में देखने की क्षमता में कमी आने लगती है। इस संकीर्ण दृष्टिकोण के कारण हमें छोटी-छोटी समस्याएँ बेचैन कर देती हैं और उन्हें सहना हमारे लिए कठिन हो जाता है। ऐसी स्थिति में यदि हमारे सामने सचमुच कोई बड़ी चुनौती आ जाए तो इस बात का खतरा रहता है कि हम अपनी उम्मीद को खो बैठेंगे, तनावग्रस्त और अकेले हो जाएँगे और यहीं से हताशा की शुरूआत होती है।

जरूरी बात यह है कि अपने हितों का ध्यान रखते हुए हमें और मूर्खतापूर्ण ढंग से स्वार्थी नहीं बनना चाहिए, अपितु बुद्धिमत्ता से स्वार्थ सिद्ध करना चाहिए। 'मूर्खतापूर्ण स्वार्थ' का अर्थ यह है कि हम अपने हितों को संकुचित ढंग से देखते हैं, जबकि 'बुद्धिमत्तापूर्ण स्वार्थ' से आशय है कि हमारा दृष्टिकोण विस्तृत होता है और हम अपने हितों के साथ अन्य दूरगामी परिणामों का भी ध्यान रखते हैं। इसी बुद्धिमत्तापूर्ण स्वार्थ को करुणा कहते हैं।

करुणा : कल्याण की नींव

मनुष्य द्वारा किसी दूसरे की देखभाल करने की क्षमता छोटी बात नहीं है। इसे सामान्य नहीं समझना चाहिए। यह एक अनमोल देन है। करुणा वास्तव में, मनुष्य के स्वभाव का एक चमत्कारी गुण है। यह ऐसा मूल्यवान आन्तरिक साधन है जो कल्याण तथा सामंजस्य का आधार है। इसलिए यदि हम अपनी खुशी चाहते हैं तो हमें करुणा का अभ्यास करना चाहिए, और यदि हम दूसरों की खुशी चाहते हैं तो भी हमारे करुणा का अभ्यास करना होगा!

माँ का प्यार

मुझे करुणा का पहला पाठ, मेरी माँ ने सिखाया था। वह अशिक्षित थीं और मेरे पिता साधारण किसान थे। लेकिन मैंने करुणा का उनसे बेहतर उदाहरण आज तक नहीं देखा। मेरी माँ से जो भी मिलता था, उनकी सौम्यता और आत्मीयता से प्रभावित हो जाता था। उनका स्वभाव मेरे पिता से विपरीत था। मेरे पिता क्रोधी स्वभाव के थे और बच्चों की पिटाई भी करते थे। मैं अपनी माँ का चहेता होने के कारण सौभाग्यशाली था कि मुझे उनका स्नेह भरपूर मात्रा में मिला। मुझे विश्वास है कि इसी कारण मेरे अन्दर करुणा विकसित हो पाई। बचपन में मैंने शायद उनकी उदारता का नाजायज फायदा भी उठाया होगा। वह मुझे अपने कन्धों पर बैठा लेतीं तो मैं उनके कान पकड़ लेता था। मुझे दाईं ओर जाना होता तो मैं उनका दायाँ कान खींचता और बाईं ओर जाने के लिए उनका बायाँ कान खींचता था। उनके गलत दिशा में मुड़ने पर मैं शोर मचाता था। वह मेरे संकेत को न समझने का केवल नाटक करती थीं और क्रोध किए बिना मेरे शोर-गुल को बर्दाश्त करती थीं। मुझे नहीं याद कि मेरी माँ ने कभी किसी पर गुस्सा किया। वह बड़ी दयालु थीं और वह केवल अपने बच्चों के साथ ही नहीं, बल्कि प्रत्येक व्यक्ति के साथ ऐसा ही व्यवहार करती थीं।

इसमें कोई सन्देह नहीं कि एक माँ के मन में अपने बच्चे के लिए स्वाभाविक प्रेम होता है। मातृ-प्रेम बहुत शक्तिशाली होता है और यह एक माँ को अपने बच्चों की देखभाल के दौरान कष्ट और थकान को नजरअन्दाज करने में सहायता करता है। इस त्याग का, मेरी माँ की शिक्षा या उनके मूल्यों अथवा और किसी भी चीज से कोई सम्बन्ध नहीं है। यह बहुत स्वाभाविक गुण है।

मैंने एक नवजात शिशु के लिए उसकी माँ के स्नेह का अनुभव हाल में,

जापान से अमेरिका की हवाई-यात्रा के दौरान किया था। मेरे साथ वाली पंक्ति में एक पति-पत्नी बैठे थे। उनके दो छोटे बच्चे भी थे। बड़ा बच्चा शायद तीन या चार साल का था, जबकि छोटा शायद एक वर्ष का रहा होगा। हवाई जहाज ने जैसे ही उड़ान भरी, बड़े बच्चे ने इधर-उधर दौड़ना शुरू कर दिया। वह ऊर्जा और उत्साह से भरा था। उसके पिता पीछे दौड़कर उसे बार-बार सीट पर बैठा रहे थे। मैंने बच्चे को मिठाई दी तो उसने बिना कुछ कहे मिठाई ले ली और फिर इधर-उधर घूमने लगा। इस बीच छोटा बच्चा रो रहा था और उसके माता-पिता उसे बारी-बारी चुप कराने का प्रयास कर रहे थे। आखिरकार, बड़ा बच्चा थककर सो गया, लेकिन छोटा बच्चा रोता रहा। उसके पिता ने थोड़ी देर चुप कराने का प्रयास किया लेकिन फिर वह भी थककर सो गए। मैंने सुबह देखा कि उस बच्चे की माँ की आँखें लाल थीं। वह पूरी रात सोयी नहीं और बच्चे की देखभाल के लिए जागती रही। लेकिन उसके चेहरे पर क्रोध या कड़वाहट का भाव नहीं था। वह पहले की तरह स्नेह और ममता के साथ बच्चों की देखभाल कर रही थी। सच कहूँ तो मुझमें इतना धैर्य नहीं है!

मैं जब यह कहता हूँ कि करुणा, सभी आन्तरिक और आध्यात्मिक मूल्यों का स्रोत है तो मेरा आशय, एक माँ के मन में अपने नवजात शिशु के लिए बिना शर्त प्रेमपूर्ण व्यवहार से है। यही प्रेम, ईसाई धर्म के प्रतीक चिह्न मेडोना और उसके शिशु के रूप में बहुत अच्छे ढंग से दर्शाया गया है। मुझे वह प्रतीक बहुत शक्तिशाली लगता है।

करुणा के स्तर

मेरे विचार से करुणा के दो स्तर हैं। पहला जैविक स्तर है, जिसकी मैंने अभी बात की, जैसे एक माँ के मन में अपने नवजात शिशु के लिए प्रेम। दूसरा स्तर थोड़ा विस्तार मांगता है और उसे विकसित करना पड़ता है।

एक ओर जैविक स्तर पर जहाँ करुणा बिना शर्त पैदा होती है, जैसे एक बच्चे के लिए माँ का प्यार, तो दूसरी ओर वही करुणा पक्षपातपूर्ण और सीमित भी हो सकती है। इसके बावजूद करुणा का महत्त्व है क्योंकि यही वह बीज है, जिससे तटस्थ करुणा पैदा हो सकती है। हम अपनी स्वभावगत आत्मीयता को बुद्धि और विश्वास के साथ जोड़कर विस्तार दे सकते हैं।

सामान्य तौर पर बात करें तो हम प्राय: अपने निकट के लोगों के प्रति स्नेह का भाव अधिक रखते हैं और फिर हम उसे अपने समुदाय तक विस्तारित कर लेते हैं। इसमें वे लोग शामिल हैं जिनकी भाषा, स्थान या धर्म आदि हमारे समान हैं। यह स्वाभाविक बात है और इसमें बहुत बल होता है। यह बड़ा स्वाभाविक और सशक्त होता है। लोग जब किसी उद्देश्य के प्रति पूरी तरह समर्पित होते हैं तो वे बहुत कुछ कर सकते हैं। ऐसी भावना लोगों को एकजुट कर देती है और इसकी सहायता से वे संकुचित स्वार्थों के परे निकल जाते हैं। इस सन्दर्भ में, ऐसी भावनाएँ लाभकारी होती हैं। दुर्भाग्य से, इस तरह के सम्बन्धों में फिर चाहे वह परिवार, समुदाय, राष्ट्र, भाषा या धर्म किसी पर भी आधारित हों, 'हम' और 'वे' जैसे भेदभाव देखने को मिल जाते हैं। समस्या तब होती है जब हम खुद को किसी एक समूह के साथ जोड़कर देखने लगते हैं। हम भूल जाते हैं कि हम मूल रूप से मनुष्य हैं।

पक्षपातपूर्ण भावना का मुख्य तत्त्व 'आसक्ति' है। एक बार अर्जेंटीना में एक वैज्ञानिक गोष्ठी के दौरान मेरे मित्र फ्रांसिस्को वरेला के गुरु ने मुझे बताया कि वैज्ञानिक होने के नाते, उन्हें शोध कार्य से अधिक आसक्त नहीं होना चाहिए। ऐसा करने से चीजों को स्पष्ट और तटस्थ रूप से देखने की क्षमता कम हो जाती है। यह सुनकर मुझे तुरन्त लगा कि उनकी यह बात धार्मिक क्षेत्र पर भी लागू होती है। उदाहरण के लिए, बौद्ध भिक्षु होने के नाते मुझे, बौद्ध धर्म के साथ अधिक आसक्ति नहीं होनी चाहिए अन्यथा मेरे लिए अन्य धर्मों और उनकी परम्पराओं की अच्छी बातों और मूल्यों को समझने में बाधा उत्पन्न हो सकती है।

इसके अतिरिक्त आसक्ति की स्थिति में हमारे मन में दूसरों के प्रति स्नेह कई बार इस बात पर निर्भर होने लगता है कि उन लोगों का हमारे साथ सम्बन्ध कैसा है। यदि वे हमारी देखभाल करते हैं तो हमें भी उनकी चिन्ता रहती है। ऐसी स्थिति में हमारा स्नेह लक्ष्य और अपेक्षा पर निर्भर हो जाता है और फिर यह स्थिति नाजुक हो जाती है। लोग जब तक हमारी अपेक्षाओं को पूरा करते हैं तब तक सब ठीक रहता है, मगर जैसे ही हमारी अपेक्षा पूरी नहीं होता तो वही स्नेह का भाव, क्रोध और यहाँ तक कि घृणा में परिवर्तित हो जाता है।

इसकी विपरीत स्थिति देखें तो विश्वव्यापी करुणा, किसी स्वार्थी तत्त्व में अन्तर्निहित नहीं होती, अपितु इस सहज बोध में देखने को मिलती है कि अन्य मनुष्य भी हमारी तरह खुश रहना और परेशानी से बचना चाहते हैं। ऐसा करुणा

भाव रखने से हमारा मन दूसरों के प्रति स्थिर रहता है और उनके व्यवहार से प्रभावित नहीं होता। यदि लोग हमें डराते हैं या अपशब्द कहते हैं तो भी हमारे मन में उनके प्रति करुणा और कल्याण का भाव यथावत रहता है। इसलिए सच्ची करुणा, लोगों के व्यवहार के प्रति नहीं अपितु स्वयं लोगों के प्रति होती है।

हमें पता है कि क्रोध, घृणा या वैमनस्य से कोई लाभ नहीं होता इसलिए दूसरों के प्रति निष्पक्ष करुणा और सच्चा भाव रखना हमारे हित में है। ऐसा करने से हमें निश्चित रूप से लाभ मिलता है।

मेरे कहने का आशय यह है कि हमें किसी विशिष्ट समूह या पहचान के सीमित दायरे से बाहर निकलकर सम्पूर्ण मानव जाति को अपना मानना चाहिए। मन में 'हमारा' या 'उनका' जैसा भाव रखने से झगड़े और कभी-कभी युद्ध की स्थिति पैदा हो जाती है इसलिए 'हम' सबसे बेहतर और आदर्श भाव माना जाता है।

कुछ लोगों को विश्वव्यापी करुणा का विचार बहुत आदर्शवादी और यहाँ तक कि धार्मिक लगता है। लेकिन मुझे यह विचार आदर्शवादी नहीं लगता। बहुत-सी बातें जैसे शिक्षा की अवधारणा आदि को हम जरूरी मानकर चलते हैं लेकिन ये बातें भी किसी समय में आदर्शवादी लगती होंगी। लेकिन आज हम शिक्षा को व्यावहारिक ही नहीं, बल्कि आवश्यक मानते हैं। मैं विश्वव्यापी करुणा को धार्मिक मानने पर भी सहमत नहीं हूँ। यह सत्य है कि कुछ लोग नि:स्वार्थ भाव और जन-सेवा को भी ईश्वर की सेवा की तरह धार्मिक महत्त्व देते हैं। लेकिन ऐसे बहुत-से लोग आज मौजूद हैं जो सम्पूर्ण मानव जाति के बारे में सोचते हैं और फिर भी उनका अपना कोई धर्म नहीं है। मैं कई बार दारफुर, हैती या अन्य किसी भी स्थान पर, जहाँ प्राकृतिक आपदा होती है, स्वेच्छा से काम करनेवाले सहायक और डॉक्टरों के बारे में सोचता हूँ। कुछ लोगों की किसी के प्रति आस्था होती है, लेकिन बहुत-से लोगों की ऐसी आस्था नहीं होती, कोई धर्म नहीं होता। उनका विचार किसी एक विशिष्ट समूह तक सीमित नहीं होता, बल्कि वे पूरी मानव-जाति के बारे में सोचते हैं, सच्ची करुणा के साथ काम करते हैं और उनका उद्देश्य केवल दूसरों के दुख कम करना होता है।

मुझे इस बात में सन्देह नहीं कि व्यक्ति पूरी तरह धर्मनिरपेक्ष रहते हुए करुणा का भाव रख सकता है। मेरे एक पुराने मित्र प्रोफेसर पॉल ऐकमैन ने, जिन्होंने भावनात्मक विज्ञान के क्षेत्र में सराहनीय काम किया है, मुझे बताया था कि चार्ल्स डार्विन का, जिन्हें विकास के सिद्धान्त का जनक माना जाता है, मानना था

कि 'सभी प्राणियों के प्रति प्रेम का भाव ही मनुष्य की सबसे बड़ी विशेषता है।'

मुझे आज भी दिसम्बर 2004 में एशियाई सुनामी आने पर दुनिया-भर के लोगों की प्रतिक्रिया याद है। उस आपदा के जनता द्वारा दिया गया सहयोग आज भी मानव परिवार की एकता का सबसे सशक्त उदाहरण है। यह अकेला ऐसा उदाहरण नहीं है। हाल में ऐसी बहुत-सी त्रासदियों और आपदाओं में पूरे विश्व ने प्रभावित लोगों के प्रति करुणा और चिन्ता व्यक्त करके अपनापन जताया है। आज के युग में, जहाँ कोई भी समाचार पूरी दुनिया में तेजी से फैल जाता है, हमारे भीतर सामुदायिकता और करुणा का भाव भी तेजी से बढ़ा है। बीसवीं शताब्दी के आरम्भ में राष्ट्रवाद की भावना प्रबल थी, लेकिन उस समय मानवता के प्रति जागरूकता इतनी सशक्त नहीं थी। उन दिनों, लोग दूसरे धर्मों अथवा देशों में हो रही गतिविधियों से अनजान रहते थे। लेकिन आज विश्व-भर में मीडिया द्वारा तेजी से समाचार प्रसारित किए जाने से सर्वत्र परस्पर जुड़ने का भाव सशक्त हो गया है। इसके साथ ही लोग, मानवता और मानवाधिकारों के महत्त्व को भी पहचानने लगे हैं। मुझे लगता है यह विश्व के लिए आशा का बड़ा स्रोत बन गया है।

दूसरों के प्रति करुणा का भाव रखने के लिए हमें किसी विशेषता की अथवा संत बनने की आवश्यकता नहीं है। करुणा का भाव हम सबके लिए प्राप्त करना बहुत आसान है। नाजी तानाशाही के दिनों में कुछ जर्मन लोगों ने यहूदियों की रक्षा के लिए अपना जीवन तक खतरे में डाल दिया था। उनसे ऐसा करने का कारण पूछा गया तो अधिकतर लोगों ने यही उत्तर दिया कि वे ऐसा करने के लिए भीतर से प्रेरित हुए थे। उन परिस्थितियों में कोई भी होता तो ऐसा ही करता। फिर भी हम कह सकते हैं कि यह आपके और मेरे जैसे सामान्य लोग थे। हम सब मन में करुणा और कल्याण का भाव रखने से इस तरह के साहसिक कारनामे करने में सक्षम होते हैं।

कुछ पाठकों को विश्वव्यापी करुणा का विचार परेशान कर सकता है। वे यही गुण दूसरों में देखना चाहते हैं लेकिन उन्हें लगता है यदि वे स्वयं इसे अपनाएँ तो दुनिया-भर की परेशानियाँ उनके ऊपर आ जाएँगी। वे सोचते हैं उनमें और अधिक कष्ट सहने की शक्ति नहीं है। यदि सीमित अर्थ में देखें तो यह बात सच है कि करुणा के चलते हम दूसरों के कष्ट स्वयं पर ले लेते हैं लेकिन हमें यह ध्यान रखना चाहिए कि दूसरों के कष्ट साझा करने से होनेवाली तकलीफ

हमारी अपनी तकलीफ से भिन्न होती है। किसी दूसरे के प्रति सहानुभूति रखने से हमें शुरू में थोड़ा मानसिक कष्ट अवश्य होता है मगर आगे बढ़कर किसी का दुख कम करने के लिए साहस की आवश्यकता होती है और इससे आत्मविश्वास पैदा होता है। लेकिन आप जब स्वयं कष्ट में होते हैं तो आपके पास ऐसा कोई विकल्प नहीं होता। इसी बात से यह अन्तर स्पष्ट हो जाता है।

करुणा, सहानुभूति से उत्पन्न होती है लेकिन दोनों में अन्तर है। सहानुभूति, एक तरह का भावनात्मक विचार है जिसमें हम दूसरे का कष्ट महसूस कर सकते हैं। लेकिन करुणा में केवल दूसरों का कष्ट साझा करना ही नहीं, अपितु उन्हें कष्ट से मुक्त करना भी शामिल होता है। करुणा के अभ्यास के दौरान हम केवल दूसरे का दुख महसूस करने तक सीमित नहीं रहते। इसमें मनुष्य थक जाता है। चिकित्सक के लिए मन में केवल करुणा का भाव रखना अधिक प्रभावशाली नहीं होता क्योंकि तब उसका समय मरीजों का दुख बाँटने में ही निकल जाएगा। करुणा का वास्तविक अर्थ दूसरों का कष्ट दूर करना है। इसमें दूसरों की सहायता करने की इच्छा होती है। बल्कि कहें कि इससे हमें ऊर्जा मिलती है और हमारा उद्देश्य और दिशा भी स्पष्ट हो जाती है। इस प्रेरणा के अन्तर्गत काम करने से हमें और हमारे आसपास के लोगों को बहुत फायदा होता है।

विश्वव्यापी करुणा के अन्तर्गत हमें अपने मन के भाव को इतना अधिक विस्तार देना होता है कि वह सम्पूर्ण मानव जाति को अपने अन्दर समाहित कर लेता है। इसके लिए लगातार अभ्यास की आवश्यकता होती है। बुद्धि और विश्वास के प्रयोग से हम धीरे-धीरे मन के भाव को विस्तार देना सीख सकते हैं। हमें यह पहले अपने परिवार और फिर धीरे-धीरे बाहर के लोगों पर लागू करना चाहिए। इसके बाद शत्रु और फिर धीरे-धीरे सम्पूर्ण मानव समाज इसमें शामिल हो जाता है। एक स्तर पर पहुँचकर यह सम्पूर्ण प्राणी जगत को अपने भीतर समाहित कर लेता है।

करुणा का प्रशिक्षण

धर्म में आस्था रखनेवाले लोगों के पास करुणा जागृत करने का बहुत समृद्ध साधन होता है। मानव जाति के लिए यह धार्मिक मार्ग लाभकारी सिद्ध हो सकता है। लेकिन करुणा विकसित करने के लिए धर्म की आवश्यकता नहीं है। करुणा

विकसित करने के लिए धर्मनिरपेक्ष पद्धतियों का पहले से इस्तेमाल होता रहा है और उनके प्रभाव को वैज्ञानिक रूप से भी दर्शाया जा चुका है। ऐसा देखने में आया है कि आन्तरिक मूल्यों का विकास, शारीरिक व्यायाम की तरह होता है। हम अभ्यास द्वारा अपनी भीतरी क्षमता को जितना अधिक प्रशिक्षित करते हैं, वह उतनी ही दृढ़ बनती जाती है। मेरे एक पुराने मित्र प्रोफेसर रिचर्ड डेविडसन ने तंत्रिका-विज्ञान पर शोध द्वारा दर्शाया था कि करुणा का यदि बहुत कम अवधि—जैसे दो सप्ताह—के लिए अभ्यास किया जाए तो भी मस्तिष्क में स्पष्ट परिवर्तन देखने को मिलते हैं और धर्मार्थ सेवा का भाव तेजी से विकसित होता है। मैं आशा करता हूँ ऐसे शोध विद्यालयों में करुणा का प्रशिक्षण आरम्भ करने का मार्ग प्रशस्त करेंगे जो आगे चलकर बहुत लाभकारी सिद्ध हो सकते हैं। आधुनिक शिक्षा, आज पूरी तरह भौतिक मूल्यों पर आधारित है फिर भी मैं पहले कह चुका हूँ कि हमारे बच्चों को यह सिखाना बहुत जरूरी है कि उन्हें अपने हृदय को भी दीक्षित करना चाहिए। हृदय को शिक्षित करने के लिए अपने भीतर करुणा जागृत करना आवश्यक है। मैं इस विषय पर फिर से लौटूँगा।

5

करुणा और न्याय का प्रश्न

न्याय का प्रश्न

हाल के कई अवसरों पर धर्मनिरपेक्ष नैतिकता के समर्थकों ने मेरे इस सुझाव्र पर आपत्ति व्यक्त की है कि करुणा, धर्मनिरपेक्ष प्रणाली का आधार बन सकती है। बहुत लोगों के लिए करुणा के सिद्धान्त—जिसका आशय क्षमाशीलता है, और न्याय प्रक्रिया—जिसमें गलती के लिए दंड मिलता है, के बीच मतभेद दिखाई पड़ता है। उन लोगों के मतानुसार न्याय का सिद्धान्त, धर्म-निरपेक्षता की तरफ जानेवाले मार्ग का समर्थन करता है लेकिन करुणा के सन्दर्भ में ऐसा सम्भव नहीं है। उनका कहना है कि करुणा और क्षमाशीलता को प्राथमिकता देने का अर्थ, गलती करनेवालों को बिना सजा दिए छोड़ना है। ऐसा करने से हिंसक लोगों की जीत हो जाएगी। उनके अनुसार, करुणा की नीति, उत्पीड़ित होने की नीति से अलग है, जिसके अन्तर्गत क्रोध की हमेशा जीत होती है, गलत काम करनेवाले को क्षमा मिल जाती है और दुर्बल आदमी असहाय रह जाता है।

मेरे विचार से यह आपत्ति गलत है। दूसरों का कष्ट दूर करने की इच्छा, जिसे हम करुणा का मूल सिद्धान्त मानते हैं, का अर्थ यह नहीं है कि हमें दूसरों की गलतियों के सामने समर्पण कर देना चाहिए। करुणा का अर्थ यह भी नहीं है कि हमें अन्याय को चुपचाप सहन करना चाहिए। करुणा का सिद्धान्त, कमजोरी और निष्क्रियता को बढ़ावा नहीं देता, अपितु इससे सहनशक्ति और चरित्र की दृढ़ता पैदा होती है।

हाल के वर्षों में अन्याय के खिलाफ लड़नेवाले कुछ बड़े योद्धा, दृढ़ चरित्र और इच्छाशक्ति वाले लोग थे जैसे महात्मा गांधी, मदर टेरेसा, नेल्सन मंडेला, मार्टिन लूथर किंग जूनियर और वाक्लाव हैवेल। ये सब लोग विश्वव्यापी करुणा से प्रेरित रहे हैं। केवल इसलिए कि इन्होंने अहिंसा का सहारा लिया तथा इनका जीवन जन-कल्याण के लिए समर्पित था, इन्हें कमजोर कहना गलत होगा।

जैसा मैंने कहा कि करुणा का आशय गलत काम या अन्याय के सामने घुटने टेकना नहीं है। किसी गलत स्थिति का कड़ा विरोध होना चाहिए, जैसा रंगभेद नीति के मामले में हुआ था। उसी तरह करुणा की यह जरूरत है कि हम अन्याय को स्वीकार न करें और उसके खिलाफ लड़ें। इसके लिए आवश्यक है कि हमारा तरीका अहिंसक होना चाहिए। अहिंसा कमजोरी की निशानी नहीं है, बल्कि यह आत्मविश्वास और साहस को दर्शाती है। सामान्य तौर पर लोग लड़ते हैं तो संवाद की गुंजाइश खत्म हो जाने के बाद उनका क्रोध बढ़ जाता है, वे नियंत्रण खो बैठते हैं और चीखने-चिल्लाने और हिंसा पर उतर आते हैं। लेकिन लड़नेवाले को जब यह भरोसा हो जाता है कि सत्य उसकी ओर है तो वह शान्त रहकर अपनी बात को तर्कसंगत ढंग से प्रस्तुत करता है। शान्ति और अहिंसा का मार्ग हमें हिम्मत देता है क्योंकि यह दर्शाता है कि सत्य और न्याय की ओर से लड़नेवाला व्यक्ति हमेशा विश्वास से भरा रहता है।

आप किसी दोषी व्यक्ति के प्रति करुणा दर्शाते हुए भी अन्याय के खिलाफ खड़े रह सकते हैं। इस बात को निजी स्तर पर उदाहरण द्वारा समझाया जा सकता है। आप किसी झगड़ालू पड़ोसी की कल्पना कीजिए, जो आपके साथ हमेशा बुरा बर्ताव करता है। ऐसे व्यक्ति के लिए उचित और करुणापूर्ण प्रतिक्रिया क्या हो सकती है? मेरी समझ से हमें मन में उस व्यक्ति के प्रति करुणा का भाव रखते हुए सशक्त प्रतिक्रिया देनी चाहिए। सन्दर्भ को ध्यान में रखते हुए कड़े कदम न उठाने और झगड़ालू व्यक्ति के विध्वंसात्मक व्यवहार से होनेवाली क्षति के लिए आंशिक रूप से आप भी उत्तरदायी होंगे। इसके अतिरिक्त ऐसे व्यवहार का विरोध न करने से उन लोगों को बढ़ावा मिलता है जिससे उनका व्यवहार अधिक हिंसक और आक्रामक हो जाता है। इससे दूसरे लोगों को ज्यादा नुकसान पहुँच सकता है और बाद में इसके दूरगामी परिणाम हो सकते हैं। ऐसे व्यक्ति के मन को परिवर्तित करने का तरीका क्रोध

या घृणा नहीं, अपितु करुणा है। शारीरिक अथवा हिंसक तरीकों से केवल शारीरिक व्यवहार को नियंत्रित किया जा सकता है, लेकिन इससे किसी के मन को परिवर्तित करना सम्भव नहीं है।

दक्षिणी तिब्बत में एक व्यक्ति के बारे में कथा प्रचलित है। वह अपने मित्र से कहता है, "फलां व्यक्ति ने एक बार मुझे मारा था, मैं चुप रह गया। उसने मुझे दोबारा मारा, फिर भी मैंने कुछ नहीं कहा। उसने मुझे तीसरी बार मारा फिर भी मैं शान्त रहा। वह मुझे बार-बार मारता रहा लेकिन मैंने कुछ नहीं कहा।" इस बात से पता लगता है कि कौन-सा भाव करुणा नहीं है। वास्तव में इसे कायरता कहते हैं जो गलत है। हमें अन्याय के विरुद्ध कड़े और सशक्त करुणा भाव की आवश्यकता है!

न्याय की विस्तृत और संकीर्ण अवधारणाएँ

यदि करुणा के भाव को ठीक से समझा जाए तो उसमें और न्याय की प्रक्रिया में कोई मतभेद नहीं है। न्याय के सामान्य सिद्धान्त में, जो समानता और निवारण का विश्वव्यापी सिद्धान्त है, और कानूनी ढाँचे में प्रतिपादित कानून की प्रक्रिया में न्याय की संकीर्ण और संकुचित समझ में भेद करना बहुत जरूरी है। आदर्श रूप से देखें तो न्याय की ये दोनों अवधारणाएँ एक-दूसरे से जुड़ी हुई हैं मगर कई बार दुर्भाग्य से ऐसा नहीं होता। दक्षिण अफ्रीका में रंगभेद नीति के सन्दर्भ में बात करें तो स्पष्ट है कि न्याय व्यवस्था, समानता के विश्वव्यापी सिद्धान्त की उपेक्षा करते हुए उसके स्थान पर समाज के किसी विशिष्ट समुदाय के हितों की रक्षा कर सकती है। उन दिनों गैर-श्वेत व्यक्ति को छोटी-सी बात के लिए भी अल्पसंख्यक लोगों के हितों के उल्लंघन के लिए सजा दी जा सकती थी। भारत में भी औपनिवेशिक शासन के दौरान ऐसी परिस्थितियाँ थीं। विश्व में अन्य स्थानों पर, जहाँ अल्पसंख्यक समुदाय और दमित समूह थे, ऐसा देखने को मिलता था। स्पष्ट रूप से यह कह सकते हैं कि परम्परागत कानूनी प्रणालियाँ न्याय की सीमित अवधारणा को दर्शाती हैं।

ऐसी भी परिस्थितियाँ हैं जहाँ कोई समूह या समुदाय किसी दूसरे धार्मिक समुदाय या राजनीतिक समूह के अधिकारों को सीमित कर देता है। किसी देश का कानूनी तंत्र जब राष्ट्रीय एकता और सामाजिक व्यवस्था को उच्चतम प्राथमिकता

घोषित कर देता है और इन मूल्यों के उल्लंघन को आपराधिक मान लेता है, तो वह कानूनी व्यवस्था सच्चा न्याय नहीं दे सकती। आंग सान सू की को दिया गया दीर्घकालिक कारावास इस बात का प्रमाण है। इसी तरह चीन में मेरे नोबेल पुरस्कार विजेता मित्र ल्यू श्याबाओ की गिरफ्तारी भी इसी का उदाहरण है। लोग जब न्याय के उल्लंघन का विरोध करते हैं तब देश यह कहकर अपना बचाव करते हैं कि सब कुछ कानून की सीमा के अन्तर्गत किया जा रहा है। हालाँकि कानून का उद्देश्य जब सीमित कर दिया जाता है तो वह न्याय की मूल अवधारणा को सँभाल नहीं पाता और फिर समानता पर आधारित न्याय-सिद्धान्त का पालन नहीं हो पाता। यदि कानून सचमुच न्याय देना चाहता है तो उसे पहले विश्वव्यापी मानवाधिकारों की रक्षा करनी होगी।

दंड की भूमिका

हम सभी निस्सन्देह, न्याय को विश्वव्यापी सिद्धान्त मानते हैं जो हमारी मूलभूत समानता पर आधारित है, चाहे वह समानता ईश्वर के समक्ष हो, अथवा आनन्द प्राप्त करने और कष्ट से दूर रहने की इच्छा या फिर नागरिक के रूप में कानूनी समानता की बात हो। तथापि ऐसा प्रतीत होता है कि अपराध और दंड के सन्दर्भ में न्याय की वास्तविक प्रणाली पर लोग एकमत नहीं हो पाते। उदाहरण के लिए मृत्युदंड और दंड के उद्देश्य जैसे मुद्दों पर लोग प्राय: सहमत नहीं होते। लोग मानते हैं कि कुछ अपराध इतने नृशंस और नकारात्मक होते हैं कि उन अपराधियों के साथ दया नहीं की जानी चाहिए।

अपराध की जब भी बात होती है तो सभी प्रमुख धर्मों में अपराध के निवारण या जीवन के सन्तुलन को पुनर्स्थापित करने पर कुछ विचार अवश्य होते हैं। आस्थावादी परम्पराएँ मानती हैं कि ईश्वर सबका न्याय करता है। बौद्ध धर्म कहता है कि लोगों को उनके कर्मों के अनुसार फल मिलता है। इन दोनों सिद्धान्तों के अन्तर्गत मनुष्य के साथ दया का बर्ताव होना चाहिए। धर्मनिरपेक्ष दृष्टिकोण से देखें तो अगले जन्म में मिलनेवाले दंड या पुरस्कार के बारे में सोचे बिना हमें खुद से पूछना चाहिए कि दंड वास्तव में क्या होता है। क्या इसका अर्थ प्रतिकार और बदला लेना है? अपराधी को अन्त में सजा दिलवाना है? या फिर भविष्य में अपराध को रोकना है? मेरे विचार से दंड का प्रमुख

उद्देश्य अपराधी को कष्टपूर्ण अन्त तक पहुँचाना नहीं है। दंड से होनेवाले कष्ट का कोई बड़ा उद्देश्य होना चाहिए ताकि अपराधी फिर से गलती न करे और अन्य लोगों को भी गलतियाँ करने से रोका जा सके। इसलिए दंड, प्रतिशोध नहीं अपितु निवारक होना चाहिए।

निश्चित तौर पर अदालतों के पास गलती करनेवालों को दंड देने के तरीके होने चाहिए। हत्या और दूसरे हिंसक अपराध करनेवालों को बिना दंड दिए छोड़ने से यह सन्देश जाएगा कि मानवता पर ऐसे अत्याचार स्वीकार्य हैं। इससे अपराधियों समेत किसी व्यक्ति को लाभ नहीं होगा। दंड की महत्त्वपूर्ण और अपरिहार्य भूमिका है। दंड, अपराध की भावना को रोकता है और लोगों में कानून के प्रति विश्वास और सुरक्षा की भावना पैदा करता है।

दंड को यदि केवल निवारण का माध्यम मान लिया जाए तो यह तर्क दिया जाएगा कि बहुत छोटी गलती के लिए भी कड़ा दंड मिलना चाहिए ताकि वह भविष्य में एक प्रभावशाली निवारण बनकर उभर सके। जहाँ एक ओर ऐसा करने से अपराध की दर में कमी आएगी, वहीं दूसरी ओर मैं इस तरीके को सही नहीं मानता। छोटी-सी गलती के लिए किसी को कड़ा दंड देना ठीक नहीं है। मेरे विचार से दंड और अपराध के बीच उचित अनुपात जरूरी है। अपराध जितना निर्दयी हो, उसका दंड भी उतना ही कठोर होना चाहिए।

यहाँ प्रश्न उठता है कि समस्या के निवारण की सीमाएँ क्या हैं। यह समझना जरूरी है कि हर मनुष्य में बदलाव की क्षमता होती है। यही कारण है कि मैं मृत्युदंड के विचार को स्वीकार नहीं करता। मैं बहुत साल से एमनेस्टी इंटरनेशनल संस्था द्वारा चलाए जा रहे मृत्युदंड के पूर्ण उन्मूलन का समर्थन करता आया हूँ। ऐसा कहने के लिए मुझे उदारवादी नहीं समझा जाना चाहिए, मगर किसी को सुधारने के लिए उसको मार देना मेरे हिसाब से ठीक नहीं है। ऐसा करने से अपराधी में बदलाव लाने की सम्भावना समाप्त हो जाती है। मुझे लगता है समाज में यह सम्भावना हमेशा शेष रहनी चाहिए।

मैं अब इस बात को समझा हूँ कि हिंसक प्रतिकार, यानी उदाहरण के तौर पर, किसी हमले पर क्रोधपूर्ण प्रतिक्रिया देना, कहीं न कहीं मनुष्य के स्वभाव में गहरे समाया हुआ है। इस सन्दर्भ में हम पशुओं से भिन्न नहीं हैं क्योंकि वे भी चुनौती मिलने पर मरने-मारने की सीमा तक लड़ते हैं। लेकिन प्रतिशोध लेने की भावना, प्रमुख रूप से मनुष्य की ही विशेषता जान पड़ती है। यह हमारी याद

रखने की क्षमता के कारण है। आदि मानव समाज में शायद जीवित रहने के लिए प्रतिशोध लेना आवश्यक रहा हो लेकिन विकसित समाज के लोग, प्रतिशोध के नकारात्मक परिणाम और क्षमाशीलता का महत्त्व समझने लगे हैं और मेरे विचार से सभ्य होने का यही अर्थ है।

मेरा मानना है प्रतिशोध लेने के लिए हिंसक प्रवृत्तियों का प्रयोग करके व्यक्ति मार्ग से भटक जाता है। इससे कोई लाभ भी नहीं होता। प्रतिशोध का परिणाम यह अवश्य निकलता है कि उससे लड़ाई-झगड़े के बीज आगे तक के लिए पड़ जाते हैं। इससे वैमनस्य पैदा होता है और हिंसा एवं प्रतिशोध को बढ़ावा मिलने का खतरा रहता है। प्रतिशोध के सिद्धान्त को पूरी तरह नकारने से ही इस चक्र को तोड़ा जा सकता है। प्रतिशोध की इच्छा से भय, वैमनस्य और घृणा का वातावरण बनता है। इसके विपरीत, क्षमाशीलता शान्ति की सम्भावना बनाती है। इसलिए मेरी समझ से न्याय प्रणाली में प्रतिशोध की जगह नहीं है। यह पूरा विचार पुरातन है। प्रतिशोध एक ओर जहाँ समाज को कमजोर बनाता है वहीं दूसरी ओर क्षमाशीलता शक्ति प्रदान करती है।

दक्षिण अफ्रीका में रंगभेद नीति समाप्त होने के बाद जो हुआ वह इसका सशक्त उदाहरण है। नेल्सन मंडेला के विवेकशील नेतृत्व में अफ्रीकी नेशनल कांग्रेस ने इतनी उदारता दिखाई कि वहाँ रहनेवाले गोरे अल्पसंख्यकों के विरुद्ध प्रतिशोध की कोई घटना नहीं हुई। यदि वे नेता अतीत की घटनाओं पर विचार करते और उन्होंने वैमनस्य का वातावरण बनाया होता तो शायद वहाँ की परिस्थितियाँ सचमुच त्रासदीपूर्ण हो सकती थीं। वहाँ सरकार ने मेरे पुराने मित्र और आध्यात्मिक साथी डेसमंड टूटू की अध्यक्षता में ट्रुथ एँड रिकॉन्सीलिएशन कमीशन का गठन किया। उनके उदाहरण पर चलते हुए आयोग ने यह सिद्धान्त अपनाया कि गलती, यहाँ तक कि अत्याचार करनेवालों द्वारा सत्य की अभिव्यक्ति, पीड़ित और पीड़ा देनेवाले दोनों के लिए उपचारात्मक और मुक्तिदायी प्रभाव पैदा करेगी। आज जब आयोग को अपना कार्य समाप्त किए दस साल हो गए हैं, इसमें कोई सन्देह नहीं कि इस पद्धति ने पीड़ित और आततायी दोनों को मानसिक शान्ति प्रदान की है। दक्षिण अफ्रीका के स्वाधीन होने के तुरन्त बाद मुझे वहाँ के राष्ट्रपति नेल्सन मंडेला से मिलने का सौभाग्य मिला था। मैं उनसे बहुत प्रभावित हुआ। वह अत्यन्त उदार थे और इतना लम्बा कारावास काटने के बावजूद उनके मन में क्रोध नहीं था।

मुझे इसमें बिलकुल सन्देह नहीं कि न्याय प्रणाली और करुणा-सिद्धान्त में मतभेद नहीं होना चाहिए, अपितु वह करुणा के सिद्धान्त पर आधारित होनी चाहिए। मुझे हमेशा स्कॉटलैंड के न्याय मंत्री की बात याद रहती है जब उन्होंने लॉकरबाय एरोप्लेन में विस्फोट करनेवाले व्यक्ति की रिहाई का कठिन निर्णय लिया था। उन्होंने कहा कि उनके देश के लोग न्याय-पसन्द हैं और चाहते हैं कि न्याय, करुणा और दयापूर्वक होना चाहिए। मैं जानता हूँ इस निर्णय के बाद काफी विवाद हुआ और पीड़ितों के परिवार वालों में रोष और गुस्सा था। तथापि मुझे लगता है कि मंत्री महोदय का निर्णय सही था। न्याय की जब बात आती है तो दया और करुणा की उपेक्षा नहीं होनी चाहिए।

कर्म और कर्ता के बीच भेद

करुणा का न्याय प्रणाली के आधार के रूप में सबसे महत्त्वपूर्ण बिन्दु यह है कि वह कर्म नहीं बल्कि कर्ता की ओर निर्दिष्ट होता है। हमें गलत कामों की निन्दा और उनका विरोध करना चाहिए लेकिन हमें अपराधियों के प्रति दया का भाव रखकर उन्हें क्षमा भी करना चाहिए। आस्थावादी सन्दर्भ में, ईश्वर पाप का विरोधी है लेकिन वह पापी से प्रेम करता है। इसी तरह हमें भी अपराध का पूरी शक्ति से विरोध करना चाहिए लेकिन अपराधी के प्रति करुणा का भाव रखना होगा। मैं फिर यही कहूँगा कि हर मनुष्य में बदलाव की क्षमता होती है। हम सब यह बात अनुभव से जानते हैं। अपनी युवावस्था में जो लोग लापरवाह होते हैं, वे आगे चलकर अनुभवी और परिपक्व हो जाते हैं और अपने उत्तरदायित्वों का निर्वहन करना सीख जाते हैं। इतिहास में भी ऐसे बहुत से उदाहरण हैं जिनका आरम्भिक जीवन लापरवाही से बीता लेकिन उन्होंने बाद में जनकल्याण के अनेक कार्य किए। सम्राट अशोक, संत पॉल और कई ऐसे लोग इनमें शामिल हैं।

बुरे और नृशंस अपराध करनेवाले लोगों में भी बदलाव की क्षमता होती है। मैंने पिछले कई वर्षों में भारत और अमेरिका के कार्यालयों में काम कर रहे सामाजिक कार्यकर्ताओं और वहाँ के प्रतिनिधियों से चर्चा की है और इसी से मेरा विश्वास दृढ़ हुआ है। आँकड़े बताते हैं और बहुत-से देशों की यह बड़ी त्रासदी है कि अधिकांश अपराधी, जिन्हें कारावास से छोड़ा जाता है, बाद में फिर अपराध करने लगते हैं। बहुत-से देशों में अब पुनर्वास कार्यक्रम शुरू किए

गए हैं जहाँ अपराधियों को मानसिक प्रशिक्षण दिया जाता है और मार्गदर्शन द्वारा उन्हें समझाया जाता है कि वह किस तरह दुनिया को ठीक से समझकर दूसरों के कल्याण हेतु अपना योगदान दे सकते हैं। उदाहरण के तौर पर दिल्ली के तिहाड़ जेल में किरण बेदी ने कैदियों को ध्यान का प्रशिक्षण देना आरम्भ किया था। मुझे विश्वास है कि समय के साथ यह कार्यक्रम प्रभावशाली सिद्ध होगा और इससे बड़े-बड़े अपराधियों में भी जीवन के उद्देश्य के प्रति जागरूकता पैदा होगी। मुझे उन लोगों से मिलकर बहुत अच्छा लगता है जो इस तरह के कार्यक्रम चलाते हैं जिनसे कैदियों पर सकारात्मक प्रभाव पड़ता है।

मैं संक्षेप में केवल इतना कहना चाहता हूँ : याद रखिए, अपराधी भी आपकी तरह मनुष्य है और वह भी बदल सकता है। किसी अपराधी को उसकी गलती के अनुपात में अवश्य दंड मिलना चाहिए, परन्तु उसके भीतर प्रतिशोध का भाव नहीं उठना चाहिए। इसके बजाय, भविष्य के विषय में सोचिए ताकि उस तरह के अपराध रोके जा सकें।

परोपकारी दंड

कुछ समय पहले ही मैंने ज़्यूरिक में आर्थिक प्रणाली में करुणा और परोपकार विषय पर एक बैठक में हिस्सा लिया था। उस बैठक में ऑस्ट्रेलिया के एक अर्थशास्त्री एर्नस्ट फ्हेर ने एक रोचक विषय प्रस्तुत किया था जिसे वह 'परोपकारी दंड' कहते हैं।

उन्होंने उस विषय को विश्वास पर आधारित एक खेल के माध्यम से प्रस्तुत किया था। इसमें दस खिलाड़ी थे और सभी को बराबर धन दिया गया। उन्हें उस राशि का कुछ अंश जमा करके एक सामूहिक कोष तैयार करने को कहा गया। इस खेल में कई राउंड थे और प्रयोगकर्ता, खिलाड़ियों को बताता कि प्रत्येक राउंड में कोष में जमा की गई राशि दुगुनी हो जाएगी और फिर दोबारा उनमें बराबर बाँट दी जाएगी। शुरू के राउंड में अधिकांश खिलाड़ी उदारता दिखाते और कोष में बड़ी रकम जमा करते क्योंकि उन्हें लगता कि दूसरे लोग भी ऐसा ही करेंगे। मेरे विचार से यह बात मनुष्य के स्वाभाविक आशावादी दृष्टिकोण को दर्शाती है। लेकिन कुछ लोगों ने कोष में कुछ जमा नहीं किया। यदि आर्थिक सन्दर्भ में देखें तो ये लोग बिना पैसा खर्च किए अपना हिस्सा रखना चाहते थे

और उसे अपना लाभ समझते थे। ऐसे लोगों को अर्थशास्त्री, 'फ्री राइडर' यानी 'मुफ्तखोर' कहते हैं। इनके ऐसा करने से दूसरे खिलाड़ियों के मन में यह भाव पैदा होता कि उनका फायदा उठाया जा रहा है। फिर दूसरे भी कोष में पैसे की राशि कम करने लगते और खेल खत्म होने तक पूरा प्रक्रिया खंडित हो गई। खेल के इस चरण पर पहुँचकर कोई व्यक्ति कुछ भी योगदान नहीं देना चाहता। प्रयोगकर्ता उन्हें धनराशि के दुगना होने की बात भी याद दिलाता।

इस मौके पर खिलाड़ियों को परोपकारी दंड की अवधारणा से परिचित कराया जाता है। इसमें मुफ्तखोरों को सजा दी जा सकती है। वे लोग पैसे का कुछ अंश 'दंड पेटी' में डाल सकते हैं जिसे वापस नहीं किया जाना था। इससे मुफ्तखोर दुगना पैसा देने के लिए बाध्य हो जाते हैं। उदाहरण के लिए दंड पर तीन डॉलर खर्च करके कोई खिलाड़ी किसी मुफ्तखोर को छह डॉलर देने पर विवश कर सकता है। इस प्रणाली को खेल में लागू करने पर खिलाड़ियों के बीच में सहयोग पहले से बेहतर हो गया और भविष्य में मुफ्तखोरी करनेवाले खिलाड़ियों पर भी रोक लग गई तथा वे दूसरों का फायदा नहीं उठा पाए। इसके परिणामस्वरूप सभी खिलाड़ी उस कोष में पर्याप्त धनराशि का योगदान देने लगे जिससे सबको लाभ होना आरम्भ हो गया।

हालाँकि यह प्रयोग शुरू में केवल अर्थशास्त्र के सिद्धान्त की जाँच के लिए तैयार किया गया था, लेकिन मुझे लगता है इसे विश्वव्यापी तौर पर भी लागू किया जा सकता है। यह खेल दर्शाता है कि दंड को कुछ इस तरह लागू किया जा सकता है कि वह सबके लिए लाभप्रद बन जाए। यहाँ तक कि अपराधियों को भी उससे लाभ होता है। यह दिखाता है कि ऐसा दंड, जो प्रतिशोध की भावना पर आधारित नहीं, बल्कि अपराध को सही करने पर केन्द्रित है, सबके लिए हितकारी होता है।

क्षमाशीलता

क्षमाशीलता, करुणापूर्ण व्यवहार का आवश्यक अंग है। लेकिन इसे समझने में कई बार भूल हो जाती है। क्षमा का अर्थ गलती को भूल जाना नहीं होता। अगर व्यक्ति अपने साथ हुए दुर्व्यवहार को भूल जाए तो फिर क्षमा करने के लिए तो कुछ बाकी ही नहीं रहेगा! मैं कहना चाहता हूँ कि हमें अपने साथ हुए दुर्व्यवहार

से निपटने के लिए कोई ऐसा रास्ता तलाशना चाहिए जिससे हमें मानसिक शान्ति मिले और साथ ही हमारे भीतर प्रतिशोध जैसी विध्वंसात्मक प्रवृत्ति न विकसित होने पाए। इसे करने के तरीकों पर मैं बाद में बात करूँगा। एक जरूरी बात यह है कि जो हो गया, उसे स्वीकार करना चाहिए। वह व्यक्तिगत स्तर पर हो या सामाजिक स्तर पर, यह मानना बहुत जरूरी है कि बीता हुआ कल हमारे नियंत्रण से परे है। मगर अतीत में हुए दुर्व्यवहार पर हमारी प्रतिक्रिया निश्चित रूप से हमारे नियंत्रण में होती है।

मैं जैसा पहले भी कह चुका हूँ कि कर्ता और कर्म के बीच के अन्तर को ध्यान रखना जरूरी है। कई बार इसमें बहुत कठिनाई होती है। यदि हम या हमारा कोई सम्बन्धी किसी अपराध का शिकार हो जाए तो ऐसे में अपराधी से घृणा न करना मुश्किल होता है। फिर भी हम थोड़ा विचार करें तो पाएँगे कि अपने कर्मों के सन्दर्भ में हम किसी कुकृत्य और उसके कर्ता के बीच लगभग प्रतिदिन भेद करते हैं। क्रोध या चिड़चिड़ाहट के क्षणों में हम अपने प्रियजनों के साथ रूखा या गुस्से का बर्ताव करते हैं। बाद में हमें पश्चात्ताप या दुख होता है लेकिन हम पीछे मुड़कर अपनी उस प्रतिक्रिया पर विचार करते हैं तो हम आसानी से स्वयं में और अपने किए काम में अन्तर देख पाते हैं। हम स्वयं को क्षमा भी कर देते हैं और कई बार वचन देते हैं कि हम गलती को फिर से नहीं दोहराएँगे। यदि हम स्वयं को क्षमा कर सकते हैं तो दूसरों को भी कर सकते हैं। हालाँकि यह सच है कि कई बार व्यक्ति स्वयं को भी क्षमा नहीं कर पाता। यह स्थिति बाधक बन जाती है। ऐसे लोगों को करुणा और अपने प्रति क्षमाशील होने का अभ्यास करना चाहिए क्योंकि इसी से दूसरों के प्रति करुणा और क्षमाशीलता का आधार तैयार होता है।

एक और सच बात जो ध्यान रखने लायक है कि दूसरों को क्षमा कर देने से हमें स्वयं भी बोझ से मुक्ति मिलती है। यदि हम अपने साथ हुए दुर्व्यवहार पर विचार करते हैं तो हमारे भीतर क्रोध और वैमनस्य का भाव जाग उठता है। लेकिन उन दुखद स्मृतियों और बुरे विचारों को मन में रखने से लाभ नहीं होता और न ही इससे अपराध के निवारण का रास्ता बनता है। इसका हम पर सकारात्मक प्रभाव भी नहीं पड़ता। बल्कि इससे मानसिक शान्ति भंग होती है, नींद खराब हो जाती है और आगे चलकर शारीरिक स्वास्थ्य पर भी बुरा असर पड़ता है। दूसरी ओर, यदि हम अपराधी के प्रति मन में उठे वैमनस्य को दूर कर दें और उसे क्षमा कर

दें तो निश्चित रूप से हमें तुरन्त लाभ प्राप्त होता है। बीती बातों को भूलने तथा दूसरों का कल्याण चाहने से हमें आत्मविश्वास और स्वतंत्रता मिलती है और हम नकारात्मक विचारों से ऊपर उठकर जीवन में आगे बढ़ सकते हैं।

मैं रिचर्ड मूर को क्षमाशीलता का जबरदस्त उदाहरण मानता हूँ। वह मेरे व्यक्तिगत हीरो हैं। 1972 में दस वर्ष की आयु में उत्तरी आयरलैंड में एक अंग्रेज सैनिक की रबर की गोली लगने से रिचर्ड की दोनों आँखों की रोशनी चली गई थी। उस घटना के बाद रिचर्ड के क्रोधी और चिड़चिड़े व्यक्ति में बदल जाने की सम्भावना थी। परन्तु रिचर्ड ने अपने मन में दुख नहीं रखा। उन्होंने पूरा जीवन दुनिया-भर के कमजोर और असहाय बच्चों की सुरक्षा तथा देखभाल में लगा दिया। यही नहीं, उन्होंने उस सैनिक को भी खोज निकाला जिसकी गोली लगने से वह अन्धे हुए थे। रिचर्ड ने उस सैनिक को क्षमा कर दिया। वे दोनों बाद में दोस्त बन गए। करुणा और क्षमाशीलता की शक्ति का यह कितना शानदार उदाहरण है!

हम तिब्बतियों ने भी बहुत कष्ट उठाए हैं लेकिन हमने वैमनस्य या प्रतिशोध की भावना से बचने का प्रयास किया है। चीनी कम्युनिस्ट सैनिकों द्वारा तिब्बतियों के विरुद्ध किए गए अत्याचारों के बावजूद हम उनके साथ करुणा का व्यवहार करते हैं। कई बार इससे अप्रत्याशित परिणाम मिले हैं। उदाहरण के तौर पर मेरी मुलाकात हाल में एक चीनी केवलरी अफसर से हुई जो 1950 के दशक में पीपुल्स लिबरेशन आर्मी का सदस्य था। उसने तिब्बतियों पर बहुत अत्याचार किए थे। उसने बाद में प्रायश्चित्त करते हुए अपने पुत्र के हाथों अपने बुरे कर्मों का दुख व्यक्त किया और हमसे क्षमा माँगी। यह सुनकर हमारा मन भर आया। मैं सोचता हूँ यदि मेरे मन में घृणा का भाव होता तो शायद वह इस घटना से और बढ़ जाता। परन्तु मैंने कभी अन्याय और अत्याचार के कटु अनुभवों पर विचार नहीं किया। मुझे चीनी भाई-बहनों के प्रति करुणा का व्यवहार करने से बहुत लाभ हुआ। इससे हम तिब्बती अपने अतीत से छुटकारा पा चुके हैं और हमारे भीतर स्वतंत्रता का भाव विकसित हो गया है। परन्तु इसका अर्थ यह नहीं कि हम अपने साथ हुए अन्याय का विरोध नहीं करते।

जो लोग करुणा की जगह न्याय पर अधिक जोर देते हैं, मैं उन्हें कहना चाहता हूँ कि वास्तव में न्याय और करुणा तथा क्षमाशीलता में कोई भेद नहीं है। मेरी समझ से न्याय की अवधारणा करुणा पर आधारित है।

नैतिकता की गुंजाइश

मैं आखिर में यह कहूँगा कि नैतिकता की सम्भावना तलाशना महत्त्वपूर्ण है। यदि हम नैतिकता को केवल सामाजिक व्यवस्था बनाने का माध्यम समझेंगे तो वह केवल बाहरी व्यवहार के उन पक्षों तक ही सीमित रह जाएगा जिनका दूसरों पर प्रत्यक्ष प्रभाव पड़ता है। यदि वह केवल हमारे कर्मों के परिणाम तक सीमित रहता है तो फिर हम अपने मन में नैतिकता को लेकर कैसा भी भाव रखें, वह निष्प्रभावी हो जाएगा। लेकिन मैं इस बात को स्वीकार नहीं करता। मेरे हिसाब से नैतिकता की यह समझ बहुत संकीर्ण है।

प्रेरणा के बिना नैतिकता की अवधारणा निरर्थक है। हम अपना सिर पेड़ पर मारेंगे तो क्या हम पेड़ को दोषी मान सकते हैं? बिलकुल नहीं! नैतिक उत्तरदायित्व का विचार आन्तरिक प्रेरणा पर आधारित होता है। इसलिए मेरे विचार से बिना प्रेरणा के नैतिकता की समझ अधूरी है।

वास्तव में, आन्तरिक प्रेरणात्मक आयाम नैतिकता का सबसे महत्त्वपूर्ण पक्ष होता है। यदि हमारी इच्छाशक्ति शुद्ध और सात्विक है, और दूसरों के लाभ के प्रति समर्पित हैं तो हमारे कर्म भी स्वाभाविक रूप से नैतिक होंगे। इस कारण मैं करुणा को मुख्य सिद्धान्त मानता हूँ जिस पर सम्पूर्ण नैतिक अभिगम निर्भर करता है। जन-कल्याण हेतु करुणा भाव से ही न्याय सहित समस्त नैतिक मूल्य और सिद्धान्त उत्पन्न होते हैं।

6

विवेक की भूमिका

मैंने अब तक करुणा के महत्त्व पर बल दिया जो जन-कल्याण की प्रेरणा का काम करता है। यही नैतिकता एवं आध्यात्मिक कल्याण का आधार है तथा न्याय की अवधारणा को समझने में सहायता करता है। साझा मानवता और मूल जैविक प्रवृत्ति को पहचानने से हमें सीखने को मिलता है। इससे हमें आसपास के लोगों के साथ जुड़ाव महसूस होता है तथा अपना उद्देश्य समझ में आता है। मैंने यह भी कहा है कि निष्पक्ष करुणा का भाव, धैर्य, उदारता, क्षमाशीलता, आत्म-संयम और सन्तुष्टि जैसे सकारात्मक मूल्यों का भी आधार है।

यद्यपि करुणाजनक प्रेरणा, हमारी नैतिकता और आध्यात्मिकता की आधारशिला है, फिर भी हमें प्रभावी विश्वव्यापी तथा सन्तुलित नीति प्रणाली को विकसित करने हेतु एक और महत्त्वप्रर्ण तत्त्व की आवश्यकता है। हमारी इच्छाशक्ति, सबसे पहला और महत्त्वपूर्ण तत्त्व है जो हमारे व्यवहार को नियंत्रित करता है। साथ ही हमें विवेक की भी जरूरत होती है ताकि हम व्यावहारिक विकल्प चुन सकें और हमारी इच्छाशक्ति व्यर्थ न जाए।

उदाहरण के लिए, यदि हमारे देश के राजनेता सम्भावित परिणामों पर बिना विचार किए युद्ध की दिशा में आगे बढ़ते हैं तो निष्ठापूर्वक और करुण भाव रखने पर भी उसके परिणाम विध्वंसात्मक ही होंगे। इसलिए अच्छी नीयत के साथ हमें विवेक की भी जरूरत होती है। विवेक के आधार पर हम परिस्थितियों पर विचार करते हैं ताकि हम सत्य के निकट रहकर अच्छे परिणाम प्राप्त कर सकें।

विवेक, हमारी नैतिक जागरूकता के व्यक्तिगत स्तर को विकसित करने में

भी महत्त्वपूर्ण भूमिका निभाता है। हम बुद्धि के प्रयोग द्वारा चीजों को समझते हैं और इस समझ से जागरूकता पैदा होती है। इसलिए नीतिगत जागरूकता, यानी अपने और दूसरों के लाभ के प्रति जागरूकता अचानक किसी चमत्कार के फलस्वरूप नहीं पैदा होती, बल्कि यह विवेक के प्रयोग से उत्पन्न होती है। इस सन्दर्भ में नैतिक जागरूकता की शिक्षा किसी भी अन्य प्रकार की शिक्षा से भिन्न नहीं है।

आन्तरिक मूल्यों की स्थापना

हमारे सभी कर्मों के कुछ परिणाम होते हैं और इनका हमारे और दूसरों के ऊपर निश्चित तौर पर प्रभाव पड़ता है। हमें प्रतिदिन जीवन में छोटे-छोटे निर्णय लेने पड़ते हैं जिनका नैतिक आयाम होता है। इसलिए कुछ नीतिगत सिद्धान्तों और दिशा-निर्देशों को ध्यान में रखना आवश्यक है। यहाँ तक कि सामान और खाने की चीजें खरीदने के विकल्पों पर विचार करने के लिए भी हमें विवेक की जरूरत पड़ती है। ऐसे विकल्प चुनते समय हमें सोचने और सम्भावित परिणामों पर विचार करने को सोचने का अवसर नहीं मिल पाता, बल्कि कहना चाहिए यदि हम हर विकल्प पर इतना गहराई से सोचने लगेंगे तो मुझे नहीं लगता हमारे पास किसी और काम के लिए समय रह जाएगा। ऐसे मौकों पर जब हमारे पास विस्तार से सोचने का समय नहीं होता तो अपने कामों को दिशा देने के लिए कुछ आन्तरिक नियम काम आते हैं।

हमें विश्व के सभी प्रमुख धर्मों में इस तरह के दिशा-निर्देश पर्याप्त रूप से मिलते हैं। यदि इन नियमों को कम आयु में ही विकसित कर लिया जाए तो वे व्यक्ति की आन्तरिक मूल्य प्रणाली का हिस्सा बन जाते हैं। उदाहरण के लिए, पारम्परिक तिब्बती समाज में पशुओं को क्षति न पहुँचाने का सिद्धान्त उनके सांस्कृतिक वातावरण में व्याप्त होता है। कम आयु में ही बच्चों को कीड़े-मकोड़े मारने से रोका जाता है। इस कुकृत्य से बचने की शिक्षा उन्हें कम आयु में मिलती है और इसलिए वह उनके स्वभाव में समाहित हो जाती है। यदि भूल से वे किसी कीड़े पर पैर रख देते हैं तो वह कहते हैं, अखा निंज्ये (अर्थात, ओह बेचारा!)। तिब्बत में बहुत समय पहले शिकार करना और मछलियों को पकड़ना कानून द्वारा प्रतिबन्धित था। केवल कुछ ही स्थानों पर इन गतिविधियों की अनुमति थी। इसके अतिरिक्त वन्य जीवन की सुरक्षा के लिए भी कानून थे। मानसरोवर तथा

अन्य तालाबों के निकट प्रवासी पक्षियों के आने से सम्बन्धित कुछ कानून थे। शिकारी भी इस बात का ध्यान रखते थे कि पक्षियों के अंडों को क्षति न पहुँचे। ऐसे नियम इस बात का उदाहरण हैं किस तरह किसी समाज में व्याप्त संस्कृति, वहाँ के लोगों की नीतिगत प्राथमिकता बन जाती है।

विशुद्ध रूप से धर्मनिरपेक्ष सन्दर्भ में, लोगों के मन में कुछ विशिष्ट मूल्य पहले से मौजूद होते हैं। हत्या, चोरी, झूठ बोलना, निन्दा करना अथवा यौन शोषण ऐसे कुछ काम है जिन्हें हिंसक माना जाता है और वे पारिभाषिक तौर पर दूसरों के लिए हानिकारक होते हैं। इसलिए अधिकतर लोग इन कामों से बचते हैं। परन्तु विश्वव्यापी समाज में हमें और आगे बढ़ने की जरूरत है जहाँ धार्मिक, नैतिक दिशा-निर्देश सर्वव्यापी रूप से स्वीकार्य नहीं होते। हमें कुछ विशिष्ट व्यवहार और उनके नकारात्मक परिणामों के विषय में बोध विकसित करने के लिए विवेक का प्रयोग करना होता है। इस तरह हम अपने रोज़ के जीवन में कर्मों को दिशा देने के लिए आन्तरिक मूल्य प्रणाली को विकसित कर सकते हैं।

हमें अपने व्यवहार पर नियंत्रण के लिए विवेक का इस्तेमाल करना चाहिए ताकि हम देख सकें हमारे कौन से कामों से दूसरों को और हमें हानि हो सकती है और कौन से काम लाभकारी हो सकते हैं। इस तरह हम धीरे-धीरे अपने व्यवहार की कुछ बातों को नियंत्रित कर सकते हैं और यह पता लगा सकते हैं कि हमें कौन से गुण विकसित करने चाहिए।

उदाहरण के लिए, विवेक द्वारा हिंसा के परिणाम पर विचार करके हम यह समझ सकते हैं कि हिंसा हानिकारक और व्यर्थ है। इसी तरह अपने विवेक के प्रयोग द्वारा हम उदारता के परिणामों पर विचार करके सकारात्मक प्रभावों की समझ पैदा कर सकते हैं ताकि वे हमारी जागरूकता का हिस्सा बन सकें। ऐसा होने पर हम पाएँगे कि हमारा स्वभाव स्वत: जन-कल्याण की ओर अभिमुख हो जाएगा। मैं इस मानसिक प्रशिक्षण से सम्बन्धित विषय पर पुस्तक के दूसरे भाग में फिर लौटूँगा।

दुविधा से निपटना

जहाँ एक ओर नैतिक जीवन के लिए आन्तरिक मूल्य आवश्यक उपकरण हैं, वहीं दूसरी ओर दुर्भाग्य से, कुछ ऐसी असाधारण परिस्थितियाँ भी होती हैं

जब सामान्य सिद्धान्त अपर्याप्त सिद्ध होते हैं। कई बार कुछ ऐसी परिस्थितियाँ उत्पन्न हो जाती हैं जब हमें अपने सिद्धान्तों में किसी एक को चुनना पड़ता है। ऐसे मामलों में विवेक काम आता है। उन परिस्थितियों में हमारे पास उपलब्ध विकल्पों पर विचार करने और उनके लाभ और हानियों के सम्भावित परिणामों का आकलन करने के बाद ही हम किसी सन्तुलित और लाभकारी निष्कर्ष पर पहुँच सकते हैं।

मैं खुद भी कठिन निर्णय से पहले अपनी प्रेरणा पर ध्यान देता हूँ। क्या सचमुच मेरे हृदय में जन-कल्याण की भावना है? क्या मैं क्रोध, अधीरता या वैमनस्य जैसे नकारात्मक भाव से ग्रस्त हूँ? मुझे जब पता लगता है कि मेरा प्रेरणा-स्रोत सही है तो फिर मैं ध्यान से उस परिस्थिति पर विचार करता हूँ। उसके कारण क्या हैं? वह किन परिस्थितियों में उत्पन्न हुई है? मेरे पास क्या विकल्प उपलब्ध हैं? उनके सम्भावित परिणाम क्या हो सकते हैं और सन्तुलन के आधार पर सबसे उपयुक्त विकल्प कौन-सा है, जिसका दूरगामी लाभ लोगों को मिलेगा? ऐसे निर्णय लेने से बाद में पश्चात्ताप करने की आवश्यकता नहीं होती।

मैं पाठक को व्यक्तिगत मूल्य प्रणाली विकसित करने की प्रेरणा देता हूँ। मैं यह भी मानता हूँ कि नीतिगत मामलों में केवल नियमों एवं सिद्धान्तों के आधार पर कोई निर्णय लेना हमेशा सम्भव नहीं होता। नैतिकता से जुड़े मामले कई बार स्पष्ट नहीं होते। यदि यह निश्चित है कि हमारे मन में कल्याण का भाव है तो फिर हम अपने सामने सभी विकल्पों पर ठीक से विचार कर सकते हैं और जिम्मेदारी के साथ निर्णय ले सकते हैं। इसी को विवेक कहते हैं।

समग्र दृष्टिकोण

यदि हम आसपास के संसार को व्यावहारिक तौर पर समझना चाहते हैं तो उसके लिए विवेक महत्त्वपूर्ण है। यहाँ हमें परस्पर-निर्भरता को भी समझना आवश्यक है। यह सामान्य लेकिन गहरा सिद्धान्त है जिसे समझने के लिए कई स्तरों तथा सन्दर्भों की जरूरत है। इस पर विचार करना आवश्यक है। हम पहले ही अपने और दूसरों के कल्याण पर चर्चा कर चुके हैं। इसके अतिरिक्त परस्पर-निर्भरता, विश्व की ऐसी विशेषता है जो बहुत-से क्षेत्रों में दिखाई पड़ती है। हम अर्थशास्त्र

में परस्पर-निर्भरता या वैश्वीकरण के इस युग में मानवता पर या प्राकृतिक जगत में परस्पर-निर्भरता पर, जिसे जीव-विज्ञानी भोजन-शृंखला और जीवित प्राणियों के बीच सहजीविता कहते हैं, विचार करते हैं। क्वांटम भौतिकी जैसे चुनौतीपूर्ण क्षेत्र में, जहाँ सामान्य सापेक्षता और क्वांटम संलिप्तता जैसी अवधारणाएँ देखने को मिलती हैं, ब्रह्मांड के उद्भव के सिद्धान्त परस्पर आत्मनिर्भर दिखाई पड़ते हैं। यह जानने के बाद कि हमारे संसार के इतने सारे पक्ष परस्पर जुड़े हैं तो हमें इस विश्व की बेहतर समझ प्राप्त हो सकती है।

जीवन में हम जिस परिस्थिति का सामना करते हैं, उसमें बहुत-से तत्त्व सम्मिलित होते हैं। इसलिए प्रतिक्रिया को व्यावहारिक रखने के लिए हमें चीजों को एक समग्र दृष्टिकोण से देखने की जरूरत है। किसी परिस्थिति या समस्या को केवल एक दृष्टिकोण से नहीं देखना चाहिए। हमें उसे यहाँ से, और फिर वहाँ से और सभी दिशाओं से देखना चाहिए। मैं प्राय: कहता हूँ कि हमें वस्तु के सामने और पीछे वाले, दोनों आयाम देखने चाहिए। दाईं और बाईं ओर से देखने पर हम उसके चार आयाम देख सकते हैं। ऊपर और नीचे से देखने के बाद हमें इसके छह आयाम दिखने लगते हैं। ऐसा करने से हमें स्थिति की पूरी जानकारी मिल जाती है और हम उसे सभी दृष्टिकोण से देखने के बाद उचित निर्णय ले सकते हैं। इससे उद्देश्य पूरा होने की सम्भावना अधिक रहती है।

दुर्भाग्य से, कई बार ऐसा होता है जब कोई समस्या पैदा होती है तो लोग उसे संकीर्ण दृष्टिकोण से देखते हैं। उदाहरण के तौर पर मान लीजिए आपकी गाड़ी चालू नहीं हो रही है। आप बार-बार चाबी घुमाकर उसे चालू करने का प्रयास करते हैं और फिर धीरे-धीरे उसकी बैटरी कम होने लगती है। आप परेशान हो जाते हैं लेकिन ऐसा करना मूर्खता है। उस समय आपको ठहरकर समस्या पर थोड़ा विचार करना चाहिए। क्या ईंधन की कमी हो सकती है? या ऐसा खराब मौसम के कारण हुआ है? थोड़ा रुककर परिस्थिति को समझने से हमें आसानी होती है और मुझे यह कहने की जरूरत नहीं है कि इससे समस्या से जल्दी निपट पाएँगे।

हमारे ऊपर कोई मुसीबत आती है तो हम उसके किसी एक कारण पर विचार करते हैं। हम दूसरों को दोष देते हैं। लेकिन इस तरह की भावनात्मक प्रतिक्रिया अव्यावहारिक है। यदि बस देर से आए तो ड्राइवर पर गुस्सा करने से क्या लाभ होगा? कई बार होता है कि किसी घटना में किसी एक व्यक्ति की भूमिका बहुत

सीमित होती है। किसी को दोष देने से—चाहे हम खुद को दोषी मानें या किसी अन्य व्यक्ति को—हम भ्रमित हो जाते हैं और स्थिति बिगड़ सकती है। हमारे जीवन की प्रत्येक घटना बहुत-से कारणों और परिस्थितियों का परिणाम बनकर उत्पन्न होती है और उनमें से बहुत-सी चीजें ऐसी हैं जो हमारे नियंत्रण से परे हैं। अनेक कारण तो हमसे पूरी तरह छिपे रहते हैं।

इसलिए कोई बड़ी चुनौती हमारे सामने हो, जैसे नौकरी छूट जाना, तो चिन्ता से शरीर काम करना बन्द कर देता है और हमारा दृष्टिकोण नकारात्मक हो जाता है और हम नकारात्मक बातें सोचने लगते हैं। जैसे, 'मैं अपने परिवार का पालन-पोषण नहीं कर पाऊँगा' या 'मुझे अब कभी नौकरी नहीं मिलेगी' आदि। लेकिन इस दृष्टिकोण का खतरा यह है कि संकीर्ण विचारधारा रखने से हमें समस्या का समाधान नहीं मिलता। इसके विपरीत, यदि हम परिस्थिति पर सकारात्मक दृष्टिकोण से विवेकपूर्वक विचार करें तो हमें उसके कई समाधान मिल सकते हैं।

अवश्यंभावी अनिश्चितता

हम कितना भी प्रयास करें मनुष्य का विवेक अधूरा रहता है। केवल सर्वज्ञ, भगवान बुद्ध या ईश्वर ही किसी वस्तु को समग्र रूप से देख सकते हैं। अन्यथा हमें किसी परिस्थिति के सभी कारणों का पता नहीं चल सकता है। इसी तरह हम अपने द्वारा किए कामों के परिणामों को पहले से नहीं देख सकते। हमारे जीवन में प्रति क्षण अनिश्चितता का तत्त्व रहता है। हमें यह स्वीकार करना चाहिए लेकिन चिन्तित नहीं होना चाहिए। हमें तर्कसम्मत आकलन के महत्त्व को लेकर भी हताश नहीं होना चाहिए। इसके बजाय विनम्रता और सावधानी से काम को आगे बढ़ाना चाहिए। कई बार केवल इतना स्वीकार कर लेने से कि हम किसी बात को नहीं समझते, हमें उसका उत्तर खोजने में सहायता मिलती है। यदि हम किसी बात को नहीं जानते तो अहंकार या घमंड के कारण उसे समझने का दिखावा करने की अपेक्षा उसे स्वीकार करना अच्छा होता है।

नैतिकता को प्रेरणा का आधार बनाने के लिए अनिश्चितता भी एक कारण है। मैं यह बात पहले भी कह चुका हूँ। हमें केवल परिणाम पर विचार नहीं करना चाहिए क्योंकि प्राय: हमारे अपने कामों के परिणाम हमारे नियंत्रण से परे होते हैं

लेकिन प्रेरणा और विवेक का सही प्रयोग करना हमारे नियंत्रण में होता है। इन दोनों तत्त्वों को मिलाकर आगे बढ़ने से हमें श्रेष्ठ परिणाम मिलते हैं।

विवेक का परिणाम

विवेक के उपर्युक्त प्रयोग हमारे भीतर समझ को विकसित करते हैं जिससे हमारी जागरूकता में वृद्धि होती है। यदि विवेक को करुणापूर्ण व्यवहार के साथ जोड़ दिया जाए तो हमें धर्मनिरपेक्ष सन्दर्भ में नैतिकता और आध्यात्मिक कल्याण के मार्ग पर आगे चलने का रास्ता मिल जाता है। ये दोनों तत्त्व, यानी करुणा और विवेक, परस्पर एक-दूसरे को दृढ़ करते हैं। करुणा से भय और अविश्वास कम होता है, हृदय में दूसरों के लिए जगह बनती है और मस्तिष्क शान्त रहता है। इससे विवेक और बुद्धि का इस्तेमाल करना आसान हो जाता है। विवेक के प्रयोग से करुणा के लाभ और उसकी आवश्यकता को दृढ़ करने का भाव जागृत होता है। इस तरह, ये दोनों एक-दूसरे को प्रभावित करते हैं और एक-दूसरे के पूरक हैं।

7

हमारी साझी दुनिया में नैतिकता

हमारी विश्वव्यापी चुनौतियाँ

उत्तरी भारत का पर्वतीय क्षेत्र धर्मशाला 1960 के आरम्भिक दशक से मेरा आवास रहा है। मेरी आदत है कि मैं सुबह लगभग सुबह 03:30 पर उठ जाता हूँ। कुछ घंटों के मानसिक व्यायाम और चिन्तन के बाद में प्राय: रेडियो पर विश्व के समाचार सुनता हूँ। मैं अधिकतर बीबीसी वर्ल्ड सर्विस पर समाचार सुनता हूँ। मेरी यह दिनचर्या पिछले कई वर्षों से चल रही है। मैं इसी तरह संसार की घटनाओं से जुड़ा रहता हूँ।

अर्थ, वित्त तथा अन्य संकट, लड़ाई-झगड़ों और युद्ध से सम्बन्धित समाचार सुनते हुए मुझे प्राय: महसूस होता है कि आज संसार में मौजूद भ्रष्टाचार, पर्यावरण, राजनीति आदि समस्याएँ कहीं न कहीं हमारे जीवन में नैतिकता और आन्तरिक मूल्य की असफलता की ओर इशारा करती हैं। हर स्तर पर अनुशासन की कमी है और बहुत-सी समस्याएँ, विवेक की असफलता तथा संकीर्ण विचारधारा के कारण पैदा हुई हैं।

समस्याओं के कारण और उनकी परिस्थितियाँ जटिल होती हैं। उदाहरण के तौर पर, परम्परागत हिंसा, विद्रोह और युद्ध के बीज कई दशक, यहाँ तक कि अनेक शताब्दियों पूर्व पड़ चुके होते हैं। फिर भी यदि हम इन समस्याओं का—चाहे वे झगड़े हों या गरीबी अथवा पर्यावरण-सम्बन्धी संकट—समूल नाश करना चाहते हैं तो हमें यह समझना होगा कि ये सब बातें नैतिकता से ही सम्बन्धित हैं। ये समस्याएँ आकाश से नहीं आतीं और न ही इन्हें कोई दैवी शक्ति पैदा करती

है। अधिकतर मामलों में ये मनुष्य की किसी भूल का ही परिणाम हैं। यदि इन समस्याओं की जड़ में मनुष्य द्वारा पैदा किए कारण हैं तो निश्चित तौर पर हम मनुष्यों में इनका समाधान ढूँढ़ने और इनके प्रति उत्तरदायी होने की क्षमता भी है। समस्याओं को दूर करने का तरीका यही है कि हम अपना दृष्टिकोण बदलें तथा समुचित कार्रवाई करें।

वैश्विक उत्तरदायित्व

मैं प्राय: देखता हूँ कि लोग आसानी से निजी और सामाजिक स्तर की नैतिकता में भेद करने लगते हैं। मुझे यह गलत लगता है क्योंकि ऐसा करने से संसार की परस्पर-निर्भरता के पक्ष की उपेक्षा हो जाती है।

व्यक्तिगत नैतिकता या उसका अभाव लोगों के जीवन को प्रभावित कर सकता है। यह बात 2008 में शुरू हुए वैश्विक वित्तीय संकट से देखने को मिलती है जिसके दुष्परिणाम आज भी पूरी दुनिया-भर में दिख रहे हैं। इससे पता लगता है अनियंत्रित लालच, किस तरह लाखों लोगों के जीवन पर बुरा असर डालता है। इसलिए जिस तरह हमने 9/11 के हमले के बाद धार्मिक उग्रवाद और असहिष्णुता के मुद्दों को गम्भीरता से लिया उसी की भाँति हमें वित्तीय संकट के चलते लालच और बेईमानी को भी गम्भीरता से लेना होगा। हम यदि लोभ को स्वीकार करते हैं या उसकी प्रशंसा करते हैं तो यह तय है कि हमारी मूल्य प्रणाली में कुछ गड़बड़ है।

वैश्वीकरण के युग में अब समय आ गया है कि हम यह स्वीकार करें कि सबका जीवन परस्पर जुड़ा है। हमें यह भी मानना होगा कि हमारे व्यवहार का एक वैश्विक आयाम होता है। इससे हमें समझ में आएगा कि समूचे मानव समाज के हित में हमारा भी हित है। इसके विपरीत केवल अपनी आन्तरिक प्रगति पर केन्द्रित रहने, विश्व की बड़ी समस्याओं की उपेक्षा करने और उनका समाधान खोजने का प्रयास न करने से हम निश्चित रूप से किसी आवश्यक बात को नजरअन्दाज कर देते हैं। मेरे विचार से संवेदनशील होना अपने आप में बड़ी बात है। नैतिकता को सचमुच सार्थक रूप देने के लिए हमें संसार के बारे में सोचना चाहिए। वैश्विक उत्तरदायित्व के सिद्धान्त से मेरा यही आशय है और यह धर्मनिरपेक्ष नैतिकता का महत्त्वपूर्ण अंग है।

तकनीकी प्रगति की चुनौती

पिछली दो शताब्दियों में सैन्य, चिकित्सा और कृषि के क्षेत्र में हुई जबरदस्त वैज्ञानिक और तकनीकी प्रगति के चलते मनुष्य के पास अप्रत्याशित ज्ञान और शक्ति है। इससे पहले हमारे पास इतना नियंत्रण कभी नहीं था। अब पृथ्वी की बहुत-सी चीजों पर हमारा नियंत्रण है। लेकिन इस परिस्थिति से कुछ गम्भीर खतरे भी पैदा हुए हैं : क्या हमारा उत्तरदायित्व इतना बढ़ गया है कि हमारे लिए विवेक से काम ले पाना कठिन हो रहा है? क्या हम विज्ञान और तकनीक से मिली शक्ति के चलते खुद पर भरोसा कर सकते हैं? हमारे आसपास की दुनिया असाधारण गति से बदली है जबकि हमारे मस्तिष्क में पिछले पाँच हजार वर्षों में अधिक बदलाव नहीं हुआ है।

इन वैश्विक चुनौतियों के बावजूद मैं काफी आशावादी हूँ। मनुष्यों ने हमेशा और समय रहते चुनौतियों का सामना किया है। आदिम युग में शिकार करने से लेकर आज तकनीकी शहरी समाज विकसित होने के दौरान बहुत-से बदलाव आए हैं और हमने सफलतापूर्वक उन्हें नियंत्रित किया है। सामाजिक और नैतिक प्राणी के रूप में यह मनुष्य के विवेक, उसकी सहनशीलता और संसाधन-प्रियता का सशक्त उदाहरण है। वास्तव में अब तक सभी युद्ध, विपदाओं और बीमारियों के बावजूद मनुष्य जाति न केवल जीवित रही है बल्कि अच्छे ढंग से पोषित होती आई है। हमने खुद को नष्ट होने से बचाया तो है लेकिन साथ ही एक नई परेशानी पैदा कर ली है : मनुष्यों की जनसंख्या खतरनाक दर से बढ़ रही है।

प्रजाति के रूप में हमें मिली सफलता, हमारी क्षमता के कारण है, खासतौर से उस परिस्थिति में जब हमारे हितों पर संकट पैदा होता है और हम सहयोग के साथ आगे बढ़ते हैं। इस सहयोग के पीछे सबसे बड़ा कारण जनकल्याण और दूसरों के हितों का ध्यान रखने का सिद्धान्त है। इसलिए मुझे विश्वास है मनुष्य एक बार फिर सहयोग द्वारा मौजूदा पारिस्थिति की और तकनीकी चुनौतियों को दूर करने के रास्ते निकालेगा। लेकिन अब शान्त होकर बैठने का समय नहीं है।

युद्ध की निरर्थकता

बीसवीं शताब्दी में इतने जबरदस्त युद्ध हुए जो पहले कभी नहीं देखे गए थे। ऐसा अनुमान है कि भाँति-भाँति के युद्ध, क्रान्तियों और नरसंहार में बीस करोड़ से अधिक लोग मारे गए। नाज़ी विध्वंस से लेकर स्टालिन और माओ जैसे आततायियों के हाथों हुए नरसंहार; खमेर रूज के मैदानी हनन से लेकर बाल्कन में हुए कत्लेआम और रवांडा के नरसंहार तक, मानवता पर जितने भी अत्याचार हुए हैं, उन्हें सहन करना बहुत मुश्किल था। युद्ध हमेशा से मानव इतिहास में हस्तक्षेप करता आया है। मुझे लगता है जब तक पृथ्वी पर मनुष्य रहेंगे, किसी न किसी तरह का संघर्ष जारी रहेगा। लेकिन पिछले सौ वर्षों में जितना विनाश हुआ है, वह सचमुच अप्रत्याशित है।

शान्ति काल में भी मनुष्य ने तकनीक द्वारा विनाश के तरीके विकसित किए हैं, उन्हें बढ़ाया है और लगातार उनका व्यापार किया है। आज पृथ्वी पर ऐसी कोई जगह नहीं जहाँ विनाश का खतरा नहीं है। दुनिया में हिंसा की समस्या के समाधान और भावी पीढ़ियों के लिए सुरक्षित संसार की रचना के बारे में विचार करते समय हमें नेताओं और उनके शत्रुओं से नियंत्रण बरतने की याचना करने से आगे बढ़कर कुछ और भी करना पड़ेगा। आज हम खतरों के साथ जी रहे हैं। वे शस्त्र उद्योग से पैदा हुए हैं, हथियारों के व्यापार और हिंसा की संस्कृति से जन्मे हैं और इन्हें मीडिया ने बढ़ाया है। वे इस भ्रम को भी बढ़ावा देते हैं कि मनुष्यों में संघर्ष को समझाने का हिंसा एक बढ़िया तरीका है। हमें लोगों में जागरूकता लाने के लिए कुछ मूलभूत परिवर्तन करने होंगे। कुछ असाधारण परिस्थितियों को छोड़कर हिंसा से और अधिक हिंसा पैदा होती है। यह मानना कि हिंसा के माध्यम से हम शान्ति प्राप्त कर सकते हैं, पूरी तरह भ्रामक विचार है।

आज के आधुनिक और परस्पर-निर्भर संसार में युद्ध पूरी तरह व्यर्थ विकल्प है। अतीत में दो समूहों के हित अलग होते थे। ऐसे में आखिरी विकल्प के रूप में हिंसा को कुछ सीमा तक सही कहा जा सकता था लेकिन आज ऐसा नहीं है। आज सभी क्षेत्र और लोग पर्यावरणीय, आर्थिक और राजनीतिक तौर पर एक-दूसरे से जुड़े हुए हैं। युद्ध, दमन अथवा गृह-संघर्ष किसी भी क्षेत्र में हो, वह संसार के अन्य क्षेत्रों को प्रभावित करता है। आतंकवाद की

समस्या इसका गम्भीर उदाहरण है। लोग यदि स्वयं विनाश की दिशा में प्रेरित होने लगे तो कोई पुलिस बल या सुरक्षा प्रणाली उन्हें रोकने के लिए पर्याप्त नहीं होगी।

एक और कारण है जिसकी वजह से हिंसा, झगड़े को निपटाने का सही तरीका नहीं है। वह है हिंसा के परिणाम की अनिश्चितता। इराक युद्ध इसका अच्छा उदाहरण है। यद्यपि उसका आरम्भिक उद्देश्य सीमित अभियान चलाना था लेकिन वह बहुत लम्बा हो गया और अब भी पूरी तरह सुलझा नहीं है जिसके कारण लाखों निर्दोष लोगों का जीवन नष्ट हो गया है।

हमें इक्कीसवीं शताब्दी के बाकी बचे वर्षों में पुरानी गलतियों से बचने की कोशिश करनी चाहिए। हिंसा को कम करने का एकमात्र तरीका यही है कि संसार-भर में अधिक से अधिक लोग, सजग होकर निःशस्त्रीकरण को अपनाएँ। निःशस्त्रीकरण, वास्तव में करुणा का ही रूप है। इसलिए भीतरी निःशस्त्रीकरण के साथ, व्यक्तिगत घृणा, भेदभाव, असहिष्णुता तथा राष्ट्रों और राज्यों के स्तर पर बाहरी निःशस्त्रीकरण की जरूरत है। पिछली पीढ़ियों से मिले घावों पर नमक छिड़कने के बजाय हमें सहयोग और समझ-बूझ के साथ मतभेदों को भुलाने और उन घावों को भरने की कोशिश करनी चाहिए। विश्व की जनसंख्या बढ़ रही है और चीन, भारत तथा ब्राज़ील जैसे बड़े देश तेजी से आर्थिक विस्तार की दिशा में बढ़ रहे हैं। इसके साथ प्राकृतिक संसाधनों के लिए वैश्विक प्रतिस्पर्द्धा भी बढ़ रही है। इसमें केवल ईंधन ही नहीं, बल्कि मूल आवश्यकताएँ जैसे पानी, भोजन और भूमि की प्रतिस्पर्द्धा शामिल है। यह सब धीरे-धीरे और बढ़ेगी। इसलिए हमारी भावी युवा पीढ़ियों को युद्ध की निरर्थकता के प्रति सजग होना होगा। हमें महात्मा गांधी और मार्टिन लूथर किंग जूनियर की उपलब्धियों से सीखना चाहिए कि अन्याय के विरुद्ध लड़ाई के लिए अहिंसा ही सबसे अच्छा मार्ग है। यदि बीसवीं शताब्दी, हिंसा के नाम थी तो हमें इक्कीसवीं शताब्दी को संवाद की सदी बनाने का प्रयास करना चाहिए।

पर्यावरण

मैंने पिछले कई दशकों में अच्छे भविष्य के लिए पर्यावरण के प्रति सजगता पर जोर दिया है। यह बहुत अच्छी बात है कि हाल के वर्षों में, युवाओं में जागरूकता

बढ़ी है और अब नेता भी इन मुद्दों को गम्भीरता से लेते हैं।

पहले यूरोप में औद्योगीकरण की शुरुआत हुई और फिर वह दुनिया के दूसरे क्षेत्रों में फैलने लगी। ऐसे में प्राकृतिक जगत के साथ हमारे जटिल अन्तर्सम्बन्ध ठीक से समझे नहीं जाते थे। प्रगति के नाम पर पशुओं का इतना शिकार होता था कि वे लुप्त हो गए, वनों की कटाई हुई, जल-धाराओं को प्रदूषित किया गया। लेकिन जैसे-जैसे विज्ञान ने तरक्की की और प्राकृतिक जगत के साथ सन्तुलन की हमारी समझ बढ़ी है, अज्ञानता का बहाना काम नहीं आता।

हमें इस सचाई का सामना करना होगा कि हमारी भौतिकवादी जीवनशैली व्यर्थ है और इसके लिए हमारे पर्यावरण को भारी कीमत चुकानी पड़ती है। विकसित देशों में लोगों को जिस तरह की सुविधाएँ प्राप्त हैं, स्वाभाविक है कि विकासशील देशों के लोग भी वैसी ही सुविधाएँ चाहते हैं। लेकिन विश्व की तेजी से बढ़ती जनसंख्या के चलते यह बात स्पष्ट है कि यदि हमने खपत के तरीके में बदलाव नहीं किया तो शीघ्र ही मानव जाति के लिए प्राकृतिक संसाधनों का जबरदस्त अभाव हो जाएगा। हम लोग अभी से इसके परिणाम देख रहे हैं। अत्यधिक शोषण और प्राकृतिक वातावरण के स्तर में आई गिरावट के कारण स्थानीय और वैश्विक दोनों स्तरों पर पर्यावरण पर संकट गहराता जा रहा है। इसलिए आवश्यक है कि अधिक समृद्ध राष्ट्रों में होते विकास को देखकर अन्य देशों को आँख बन्द करके उस आर्थिक प्रगति का अनुकरण नहीं करना चाहिए। इसके बजाय चीन, भारत और ब्राजील जैसे देशों को विकास के नए और बेहतर विकल्प खोजने चाहिए। इस सन्दर्भ में, मुझे सूक्ष्म-अर्थव्यवस्था का मॉडल प्रगतिशील लगता है। वह लचीला है और स्थानीय एवं पर्यावरणीय मुद्दों के प्रति संवेदनशील भी है।

पर्यावरण से मिलनेवाली चुनौतियों से निपटने के लिए हमें वैश्विक सहयोग की आवश्यकता है। पर्यावरण में बदलाव इसका स्पष्ट उदाहरण है। तिब्बत में जिसे कुछ पर्यावरणविद् 'तृतीय ध्रुव' कहते हैं क्योंकि यहाँ के ग्लेशियर एशिया के मौसम के लिए बहुत महत्त्वपूर्ण हैं। यहाँ ग्लेशियर के पिघलने की प्रक्रिया देखी गई है और धीरे-धीरे तिब्बती क्षेत्रों में तापमान में वृद्धि दर्ज हो रही है जो आसपास के निचले इलाकों से अधिक है। एशिया की कुछ महत्त्वपूर्ण नदियाँ जैसे यांग्त्सीक्यांग और पीली नदियाँ, मीकांग, सालवीन, ब्रह्मपुत्र और सिंधु नदी का उद्गम तिब्बत में होता है। ग्लेशियर पिघले तो तराई वाले इलाकों में

सूखा पड़ने की सम्भावनाएँ बढ़ती जाएँगी। इसके अतिरिक्त वनों की कटाई के दुष्परिणाम भी देखने को मिल रहे हैं और बाढ़ आदि का खतरा बढ़ रहा है। आगे चलकर तिब्बत में ग्लेशियर के पिघलने से वातावरण में जबरदस्त बदलाव आने की सम्भावना है। चीन, भारत, पाकिस्तान और दक्षिण-पूर्व एशिया में पानी की भारी कमी और रेगिस्तानी क्षेत्रों के विस्तार का खतरा बढ़ता जा रहा है। यह पूरी दुनिया के लिए विनाशकारी सिद्ध होगा।

किसी भी राष्ट्र को केवल अपना सीमित स्वार्थ नहीं देखना चाहिए। विकसित देशों को विकासशील देशों के साथ सहयोग करना चाहिए। लेकिन सहयोग बलपूर्वक लागू नहीं किया जा सकता। यह केवल आपसी विश्वास और आदर की भावना से विकसित होगा। पारदर्शिता से ही विश्वास पैदा होता है। वैश्विक वातावरण पर 2009 में हुई कोपेनहेगन बैठक की असफलता दर्शाती है कि सम्बन्धित लोग अपने संकुचित स्वार्थ से परे नहीं देख पाते तो किस तरह सहयोग भी असम्भव हो जाता है।

लोभ की समस्या बनाम परोपकार का सुख

आज के भौतिक जगत में लोग पैसे के गुलाम हो गए हैं। ऐसा लगता है मानो वे विशाल नोट छापनेवाली मशीन का हिस्सा बन चुके हैं। लेकिन इससे मानव प्रतिष्ठा, स्वतंत्रता और जनकल्याण को लाभ नहीं मिलेगा। धन का प्रयोग मानवता की सेवा के लिए होना चाहिए, न कि मानवता को धन के लिए प्रयोग किया जाना चाहिए। आर्थिक अन्तर दुनिया में सर्वत्र देखने को मिलता है। इतना अन्तर पहले नहीं था और यह बढ़ता जा रहा है जो बहुत दुखद है। आज की दुनिया में आर्थिक असमानता स्पष्ट दिखाई पड़ती है जो केवल वैश्विक उत्तर और वैश्विक दक्षिण के बीच ही नहीं, बल्कि हर देश में गरीब और अमीर के बीच भी मौजूद है। यह नैतिक रूप से न केवल गलत है बल्कि इसकी वजह से युद्ध, हिंसा तथा आर्थिक प्रभाव से उत्पन्न सामाजिक तनाव जैसी अनेक समस्याएँ भी पैदा हुई हैं। आर्थिक असमानता के मुद्दे पर मैं स्वयं को कम से कम आधा मार्क्सवादी तो मानता ही हूँ। जब भी धन पैदा करने और लोगों की भौतिक स्थिति में सुधार का विषय उठता है तो निश्चित रूप से पूंजीवाद एक प्रभावी रास्ता है। लेकिन पूंजीवाद को हम सामाजिक आदर्श नहीं मान सकते क्योंकि यह केवल लाभ से

प्रेरित है। इसके मार्गदर्शन के पीछे नैतिक सिद्धान्त काम नहीं करते। अनियंत्रित पूंजीवाद से समाज के असहाय और कमजोर वर्ग का भयानक शोषण होता है। इसलिए हमें आर्थिक न्याय की दिशा में ऐसा रास्ता अपनाना होगा जो पूंजीवाद की गतिशीलता को बढ़ावा दे और साथ ही कम भाग्यशाली लोगों के कल्याण का भी ध्यान रखे। मैं मानता हूँ कि सूक्ष्म-अर्थव्यवस्था का क्षेत्र गरीबी हटाने और विकास लाने की दिशा में एक बेहतरीन मार्ग है जिस पर चलकर हम पूंजीवाद की अधिकता से बच सकते हैं और सरकारी नियंत्रण के कारण उत्पन्न निष्क्रियता का भी समाधान हो सकता है।

कुछ समय पूर्व एक अमीर भारतीय पति-पत्नी मुंबई से और मुझसे मिलने आए थे। उन्हें मेरा आशीर्वाद चाहिए था। मैंने उन्हें वही कहा जो मैं दूसरों से कहता हूँ कि सच्चा आशीर्वाद उन्हें स्वयं से प्राप्त होगा। आशीर्वाद पाने के लिए मैंने उन्हें सुझाव दिया कि उन्हें अपने धन का गरीबों के लाभ हेतु इस्तेमाल करना चाहिए। मुंबई में बहुत-सी झुग्गी-झोंपड़ियाँ हैं जहाँ साफ पानी जैसी मूल आवश्यकताओं का अभाव है। मैंने उनसे कहा कि आपको पूंजीवादियों की तरह धन कमाना चाहिए लेकिन उसे समाजवादियों की तरह खर्च भी करना चाहिए!

इस सन्दर्भ में यह उल्लेख करना आवश्यक है कि मैं बिल और मेलिंडा गेट्स जैसे परोपकारी लोगों से बहुत प्रभावित हूँ। उनके जैसे और कई लोग हैं जो अपनी धन-सम्पत्ति का बड़े स्तर पर वैश्विक समुदाय के लाभ हेतु उपयोग करते हैं। यह बहुत अच्छी बात है और मैं उन लोगों से भी, जिन्होंने जीवन में भौतिक प्रगति की है, यही अनुरोध करता हूँ कि उन्हें इस नेक कार्य का हिस्सा बनना चाहिए।

विज्ञान की नई चुनौतियाँ

हाल के वर्षों में आनुवांशिकी और जीव-तकनीक प्रौद्योगिकी के क्षेत्र में विज्ञान ने जबरदस्त तरक्की की है। उपचारात्मक और उत्पादक क्लोनिंग के क्षेत्रों में हमें जीवन की रचना और उसमें फेरबदल करने की अप्रत्याशित शक्ति प्राप्त हुई है। मुझे बताया गया है कि मानव जीनोम को शृंखलाबद्ध करके चिकित्सा विज्ञान के क्षेत्र में क्रान्ति आ सकती है और हम उपचार के लिए जीव-रसायन के क्षेत्र से

हटकर आनुवांशिकी पर आधारित मॉडल की दिशा में बढ़ सकते हैं। अब वैज्ञानिक भी आनुवांशिकी पर आधारित भविष्यवाणियाँ करने लगे हैं जिसके माध्यम से व्यक्ति के स्वास्थ्य के विषय में पहले से बताया जा सकता है। हालाँकि इससे चिकित्सकों और माता-पिताओं के लिए ही नहीं, अपितु नौकरी देनेवालों और बहुत सी संस्थाओं के लिए भी कठिन विकल्प पैदा हो गए हैं। कुछ लोग इन चुनौतियों की निन्दा करते हुए कहते हैं कि सब तरह के आनुवांशिक बदलाव गलत हैं। परन्तु मुझे नहीं लगता कि इस चर्चा को इतनी आसानी से समाप्त किया जा सकता है। हमें उत्तरदायित्व के नए क्षेत्रों को बहुत ध्यान और विवेकपूर्ण तरीके से सुलझाना चाहिए। मैंने जीव आनुवांशिकी में विकास के इन मामलों पर अपनी एक पुस्तक *दि यूनिवर्स इन ए सिंगल एटम* में विस्तार से चर्चा की है।

दुनिया की सभी प्रमुख चुनौतियों का सामना करने के लिए हमें नीतिगत जागरूकता और आन्तरिक मूल्यों पर आधारित रास्ता चाहिए। भविष्य की सुरक्षा, केवल कानून और सरकारी नियम बनाने से नहीं होगी। उसके लिए व्यक्तिगत पहल की जरूरत है। हमें सोचने का तरीका बदलना होगा तथा सोच और सचाई के बीच अन्तर को भरने की कोशिश करनी होगी। इसलिए ऐसी चुनौतियों से निपटने के लिए शिक्षा बहुत जरूरी है।

भावी पीढ़ियों की शिक्षा

आधुनिक शिक्षा की शुरुआत के समय समाज में धर्म, प्रभावशाली शक्ति के रूप में मौजूद था। नियंत्रण, संयम, विनम्रता और सेवा जैसे गुण, परिवारों में पालन-पोषण और धार्मिक समुदाय और कार्यक्रमों में हिस्सेदारी के समय बच्चों में विकसित हो जाते थे। इन मूल्यों को शैक्षणिक सन्दर्भ का अंश मान लिया जाता था। इसलिए आधुनिक वैश्विक शिक्षा की मुख्य प्राथमिकता, साहित्यिक और तकनीकी ज्ञान बन गई। लेकिन आज के वातावरण में यह मान लेना सही नहीं है कि बच्चों को नैतिक शिक्षा स्वत: मिल जाएगी। आज धर्म का लोगों पर वह प्रभाव नहीं है जो पहले था और पारिवारिक मूल्य भी पहले की तरह धार्मिक आस्था पर आधारित नहीं रहे। उनका भी समय के साथ क्षय हुआ है। इसके पीछे भौतिकवादी दृष्टिकोण और आर्थिक दबाव काम करते हैं। इसके फलस्वरूप बच्चों में आन्तरिक मूल्यों का विकास नहीं हो पाता। यदि लोग घर या धार्मिक संस्थाओं

के माध्यम से आध्यात्मिक और नैतिक मूल्यों का ज्ञान प्राप्त नहीं कर सकते तो ऐसे में आध्यात्मिकता और नैतिक शिक्षा के क्षेत्र में विद्यालयों की जिम्मेदारी और अधिक बढ़ जाती है।

यद्यपि वैश्वीकरण और आज के बिखरे समाज में इस उत्तरदायित्व को निभाना आसान नहीं है। उदाहरण के तौर पर, किसी विद्यालय में यदि बच्चे विभिन्न धार्मिक और सांस्कृतिक पृष्ठभूमि से आते हैं तो उस विद्यालय में नैतिक शिक्षा का आधार क्या होगा? किसी एक धार्मिक दृष्टिकोण का प्रयोग करना पर्याप्त नहीं है। दुनिया के कुछ हिस्सों में धर्म को विद्यालय के पाठ्यक्रम से बाहर ही निकाल दिया गया है। ऐसे में विद्यालय, बच्चों को निष्पक्ष और संयुक्त नैतिक शिक्षा कैसे दे सकते हैं?

मैं कभी विद्यालयों और विश्वविद्यालयों में नैतिकता और आन्तरिक मूल्यों पर जोर देता हूँ तो मुझे सकारात्मक प्रतिक्रिया मिलती है। इससे पता लगता है कि शिक्षाविद् और बच्चे, मेरी चिन्ता को समझते हैं। हमें सचमुच वैश्विक तौर पर आन्तरिक मूल्यों को बढ़ावा देने के लिए ऐसा तरीका चाहिए जो विरोधी विचारधाराओं और भिन्न धार्मिक दृष्टिकोणों के बीच बिना भेदभाव किए उन्हें अपने भीतर समाहित कर सके।

मैंने वर्ष 2009 में कनाडा में इसी विषय पर एक रोचक वार्ता में हिस्सा लिया था। वहाँ मेरी भेंट क्यूबेक क्षेत्र के बहुत-से प्रशिक्षु अध्यापकों से हुई थी। हालाँकि कुछ पहले तक क्यूबेक में केवल परम्परागत और मुख्य रूप से रोमन कैथोलिक समाज रहता था। हाल के दशकों में दुनिया के दूसरे हिस्सों की तरह, यह प्रदेश भी धीरे-धीरे धर्मनिरपेक्ष होता जा रहा है। प्रवास के कारण यह प्रांत, बहु-सांस्कृतिक और बहु-धार्मिक बन चुका है। इन बदलावों को दर्शाने के लिए प्रदेश प्राधिकरण ने विद्यालयों में नैतिक शिक्षा के नए तरीके खोजे हैं और ये तरीके पारम्परिक धार्मिक पद्धतियों पर अधिक निर्भर नहीं हैं।

मुझसे कुछ विशिष्ट प्रश्न पूछे जाते हैं जैसे पाठ्यक्रम कैसे विकसित किया जाए, किस तरह विभिन्न आयु के लोगों को पढ़ाना चाहिए। मेरे पास इन मुद्दों पर कहने को ज्यादा नहीं होता क्योंकि ये विषय विकासात्मक मनोविज्ञान और उन क्षेत्रों की विशेषज्ञता से सम्बन्धित हैं। लेकिन मैं सामान्यतया इतना कह सकता हूँ कि नैतिकता के सन्दर्भ में, मूल सिद्धान्तों के वैश्वीकरण द्वारा ही धर्मनिरपेक्ष तरीका अपनाया जा सकता है।

मैंने यह भी कहा कि सजगता और आन्तरिक मूल्यों को विकसित करने से लाभ मिल सकता है। इन बातों को दिमाग में ध्यान में रखते हुए मैंने इस पुस्तक के दूसरे भाग में कुछ बातों पर चर्चा की है।

शिक्षण-पद्धति पर पूछे गए प्रश्नों के सन्दर्भ में मेरा सुझाव सिर्फ इतना था और अब भी है कि नैतिक शिक्षा और आन्तरिक मूल्यों की बात करते समय केवल जानकारी देना पर्याप्त नहीं होता। उसके लिए शिक्षा पर चलना अधिक महत्त्वपूर्ण है। यदि अध्यापक केवल उदारता और करुणा की बात करेंगे, उसके लाभ पर चर्चा करेंगे लेकिन वे स्वयं व्यक्तिगत उदाहरण द्वारा इस बात को दर्शाने में असमर्थ हैं तो बच्चों को उनकी बात समझ में नहीं आएगी। लेकिन यदि अध्यापक अपने व्यवहार में उदार रहेंगे और करुणा का भाव रखेंगे तो अपने विचार अधिक प्रभावी ढंग से रख सकते हैं।

इस बात से मेरा आशय यह नहीं है कि अध्यापकों को बच्चों के साथ नरमी से पेश आना चाहिए बल्कि मैं कहूँगा कि सर्वश्रेष्ठ अध्यापक बच्चों के साथ कड़ा व्यवहार करते हैं। लेकिन यह कड़ा व्यवहार तभी प्रभावशाली हो सकता है यदि वह बच्चों के कल्याण पर आधारित होगा। मुझे अपने दिवंगत गुरु की याद आती है जिनसे मैं बहुत प्रेम करता था। लिन रिनपोशे का स्वभाव बाहर से कड़क था। मैं तिब्बत में भिक्षु बनकर उनके संरक्षण में पढ़ाई कर रहा था तो वह अपने पास दो तरह की छड़ी रखते थे। एक साधारण भूरे रंग की चमड़े की छड़ी थी जो मेरे बड़े भाई पर उपयोग के लिए थी और दूसरी, पीले रंग की थी जो मेरे लिए रखी गई थी। लेकिन उन्होंने मुझ पर उस पीली छड़ी का कभी प्रयोग नहीं किया। यदि वह ऐसा करते तो मुझे विश्वास है कि उससे भी दूसरी छड़ी जितना ही दर्द होता। यह मजाक की बात है लेकिन बच्चों के विकास पर अध्यापक का गहरा प्रभाव पड़ता है। यह प्रभाव केवल शिक्षा तक सीमित नहीं है बल्कि यह उनके सम्पूर्ण व्यक्तित्व के विकास से जुड़ा है। सब बच्चों की जरूरतें अलग होती हैं और अध्यापकों को उनका ध्यान रखना चाहिए। कुछ बच्चों के लिए अनुशासन आवश्यक है लेकिन दूसरे बच्चों के लिए नरम व्यवहार रखना बेहतर होता है। मुझे आज भी अपने गुरुओं के प्रति बहुत श्रद्धा है। मैं लिन रिनपोशे के कड़क व्यवहार के बावजूद उनकी उदारता से प्रभावित था। पारम्परिक मठ आधारित शिक्षा प्रणाली में अध्यापकों में बहुत-से गुण होने जरूरी है जैसे उत्साह, बच्चों को प्रेरणा देने की क्षमता, सक्रियता और बात को स्पष्ट रूप से कहने की कला।

लेकिन इनसे ज्यादा एक महान शिक्षक के तीन गुण होते हैं : शैक्षणिक योग्यता, नैतिक निष्ठा और उदारता।

मैं जानता हूँ कि आधुनिक समाज में अध्यापकों को बहुत-सी चुनौतियों का सामना करना पड़ता है। कक्षाएँ बड़ी होती हैं, पढ़ाए जानेवाले विषय भी जटिल होते हैं और आज के समय में अनुशासन कायम रखना भी बहुत मुश्किल है। अध्यापकों की इन परेशानियों के बावजूद मुझे यह जानकर आश्चर्य हुआ कि पाश्चात्य समाज में कई जगह आज भी अध्यापक के व्यवसाय को हीन दृष्टि से देखा जाता है। इससे बहुत दुविधा होती है। अध्यापकों की इस व्यवसाय को चुनने के लिए प्रशंसा होनी चाहिए। उन्हें खुद को बधाई देनी चाहिए, विशेष तौर पर तब जब वे थके हुए और निराश होते हैं। अध्यापक केवल बच्चों को पढ़ाने का काम नहीं करते, बल्कि वे उनके सम्पूर्ण जीवन को प्रभावित करते हैं। इस कारण उनमें मानव समाज के भविष्य को प्रभावित करने की क्षमता भी होती है।

लगनशीलता की आवश्यकता

आज संसार की चुनौतियों को देखते हुए क्या मानवता के भविष्य को लेकर मेरे मन की आशा ज्यादा आदर्शवादी है? शायद हां! क्या यह निराशावादी है? क्या यह सत्य है? नहीं, ऐसा नहीं है। हमारे सामने प्रस्तुत चुनौतियों की उपेक्षा करना गलत है। यदि हमारा कोई लक्ष्य है तो इससे फर्क नहीं पड़ता कि हमारे जीवनकाल में वह पूरा हो पाएगा या नहीं। हमें लगनशीलता के साथ आगे बढ़ते जाना चाहिए।

भाग : 2

मस्तिष्क के प्रशिक्षण द्वारा हृदय का शिक्षण

भूमिका

स्वयं से आरम्भ करना

मैंने इस किताब के पहले अंश में करुणा और आन्तरिक मूल्यों के महत्त्व को समझने के लिए धर्मनिरपेक्ष आधार प्रस्तुत किया था। लेकिन केवल इन गुणों को समझना पर्याप्त नहीं है। हमें इसे समझकर इस पर कार्य भी करना है। हमें इस बोध को आगे लेकर कैसे चलना है? इसे अपने दैनिक जीवन में किस तरह अमल करना है? हमें पहले से अधिक करुण, उदार, क्षमाशील और विवेकपूर्ण व्यवहार कैसे करना चाहिए?

मैं इन प्रश्नों के उत्तर के रूप में इस किताब के शेष अध्याय में चर्चा करूँगा जिनके द्वारा हम अपने हृदय को तैयार कर सकते हैं। इनके बहुत-से पक्ष हैं जैसे, नकारात्मक व्यवहार को कैसे नियंत्रित किया जाए, विध्वंसात्मक प्रवृत्तियों से कैसे निपटना चाहिए, किस तरह करुणा, धैर्य, सन्तोष, आत्म-संयम और उदारता आदि मूल्यों को विकसित करना चाहिए और मानसिक अभ्यास द्वारा कैसे मस्तिष्क को शान्त और अनुशासित किया जा सकता है। ये सब बौद्ध परम्परा से लिए गए हैं जो मेरी अपनी पृष्ठभूमि का हिस्सा है। इसी में मानसिक्र प्रशिक्षण भी शामिल है, जिसे तिब्बती भाषा में लोजोंग कहते हैं। मेरे विचार से इस अभ्यास के लिए किसी धार्मिक आस्था की जरूरत नहीं है। इनमें नैतिक जीवन और दूसरों के साथ सामंजस्यपूर्ण ढंग से रहने का तरीका दिया गया है जिसके द्वारा हम कल्याण की अवधारणा को समझ सकते हैं। इसके अभ्यास से हमें धार्मिक या सांस्कृतिक दृष्टिकोण से अलग एक नया मार्ग मिल सकता है।

इस किताब की दूसरे अंश में दिए गए मैंने ऐसे सुझाव दिए हैं जिनसे लोगों को मार्गदर्शन मिलेगा और वे कठिनाइयों को दूर करके अपने तथा और दूसरों के लिए दूरगामी लाभ प्राप्त कर सकते हैं और नैतिक जीवन के मार्ग पर आगे बढ़ हैं।

मैं फिर दोहराना चाहता हूँ कि मेरे सुझाव हमारी सभी समस्याओं का तत्काल निवारण नहीं कर सकते। हृदय को तैयार करने और शिक्षित करने के लिए समय और निरन्तर प्रयास की जरूरत होती है। हालाँकि मुझे इस बात में सन्देह नहीं है कि निष्ठापूर्वक आगे बढ़ने से हम हृदय की उदारता के विषय में सीख सकते हैं और इससे लाभ भी प्राप्त कर सकते हैं।

8

दैनिक जीवन में नैतिक चेतना

नैतिकता केवल समझने की चीज नहीं है। इससे ज्यादा जरूरी है कि इस पर अमल किया जाए। यदि परिष्कृत नैतिक समझ-बूझ के बावजूद रोज के जीवन में इस पर अमल न किया जाए तो इसका कोई लाभ नहीं है। नैतिक जीवन के लिए न केवल नैतिक चेतना की आवश्यकता है, बल्कि अपने रोजमर्रा के जीवन में आन्तरिक मूल्यों को विकसित करने और उन पर अमल करने की प्रतिबद्धता भी चाहिए।

अब जहाँ तक नैतिकता को रोज के जीवन में अमल करने का प्रश्न है तो इस प्रक्रिया को समझने के लिए इसके तीन पहलुओं को जानना जरूरी है। प्रत्येक चरण पहले से अधिक प्रगतिशील और अपने पूर्ववर्ती की सफलता पर निर्भर करता है। इनका उल्लेख कुछ पुराने बौद्ध ग्रंथों में भी मिलता है। ये तीन पहलू इस प्रकार हैं : संयमशील नैतिकता—जान-बूझकर दूसरों को नुकसान पहुँचाने से बचना; मूल्यपरक नैतिकता—सकारात्मक व्यवहार और आन्तरिक मूल्यों को सक्रिय रूप से बढ़ाना; और परोपकारी नैतिकता—जीवन को निःस्स्वार्थ भाव से दूसरों के कल्याण के लिए समर्पित करना।

इस प्रक्रिया की प्रभावशीलता के लिए इन तीनों चरणों को समझना होगा। दूसरे शब्दों में, केवल बाहरी या शारीरिक कर्म नहीं बल्कि हम क्या कहते हैं और हमारे विचार और मंशा कैसी है, इसका सन्दर्भ भी जरूरी है। हमारे व्यवहार के तीन स्तरों—मन, कर्म और वचन में सबसे महत्त्वपूर्ण मस्तिष्क है क्योंकि हम जो कुछ करते और कहते हैं, वही उसका स्रोत है।

केवल शरीर या वचन पर ध्यान देना ऐसा है जैसे डॉक्टर, बीमारी के मुख्य कारण पर ध्यान देने के बजाय उसके लक्षणों पर विचार करता है। प्रभावशाली रूप से इलाज करने के लिए समस्या की जड़ तक पहुँचना जरूरी है। इसे ध्यान में रखते हुए पुस्तक के अन्तिम तीन अध्याय मानसिक प्रशिक्षण से सम्बन्धित हैं। लेकिन इस प्रशिक्षण के माध्यम से हृदय को प्रशिक्षित करने के विषय पर आगे बढ़ने से पहले, मैं शरीर और वचन की कुछ विनाशकारी आदतों को छोड़ने का महत्त्व बताना चाहता हूँ क्योंकि नैतिकता के अभ्यास के लिए यही सबसे पहला चरण है।

संयमशील नैतिकता

जहाँ तक हानिकारक व्यवहार का प्रश्न है, विश्व के सभी धर्म और परम्पराएँ, एक जगह आकर मिल जाती हैं। हत्या, चोरी तथा यौन-शोषण जैसा कोई भी अनुचित यौनाचार दूसरों के लिए हानिकारक माना गया है। इसलिए निश्चित तौर पर इन्हें त्याग देना चाहिए।

लेकिन संयमशील नैतिकता इससे अधिक कहती है। दूसरों के लाभ के विषय में विचार करने से पहले हमें यह सुनिश्चित करना होगा कि हमारे द्वारा उन्हें किसी भी तरह की हानि न पहुँचे। यहाँ तक कि ऐसा भी कोई कार्य न करें जिसे अप्रत्यक्ष रूप से हिंसक माना जा सकता है।

हानि न पहुँचाने के सिद्धान्त के सन्दर्भ में, मैं अपने जैन भाइयों और बहनों से बहुत प्रभावित हूँ। जैन धर्म एक तरह से बौद्ध धर्म का निकट सम्बन्धी है। इसमें भी सभी प्राणियों के प्रति अहिंसा के महत्त्व पर जोर दिया जाता है। उदाहरण के लिए, जैन भिक्षु इतना ध्यान रखते हैं कि वे भूल से भी किसी कीड़े-मकोड़े या किसी अन्य जीवित प्राणी को नुकसान नहीं पहुँचाते।

जैन भिक्षुओं के इस व्यवहार का अनुकरण करना हमारे, यहाँ तक कि उनके लिए बहुत कठिन है, जो केवल सजीव प्राणियों की अपेक्षा सम्पूर्ण मानवता का ध्यान रखते हैं। उनके लिए भी अप्रत्यक्ष रूप से किसी को हानि न पहुँचाना कठिन काम है। उदाहरण के लिए सोचिए कि नदियों में प्रदूषण कैसे फैलता है? शायद खनन कंपनियाँ या नित-प्रतिदिन में काम आनेवाली चीजें बनानेवाले औद्योगिक इकाइयाँ कचरा फैलाती हैं। ऐसी तकनीक का प्रयोग करनेवाली

प्रत्येक व्यक्ति प्रदूषण के लिए आंशिक तौर पर जिम्मेदार है और लोगों को हानि पहुँचाता है। दुर्भाग्य से, अनिच्छा से और अप्रत्यक्ष तौर पर भी दूसरों को हानि पहुँचाना सम्भव है।

मुझे लगता है कि हम सबको रोज़ होनेवाले वाली क्षति को कम करने का प्रयास करना चाहिए। इसके लिए हमें विवेक से काम लेना और सचेत होकर उस प्राकृतिक बोध का अनुकरण करना होगा जो विवेक से उत्पन्न जागरूकता से प्राप्त होता है।

अहिंसक माध्यमों से होनेवाली क्षति

हम बाहरी कर्मों से होनेवाले नुकसान को देख सकते हैं। लेकिन हमारे शब्दों से या हमारी बातों से दूसरों को होनेवाली तकलीफ प्राय: छिपी रहती है। लेकिन वह कम हानिकारक नहीं होती। हमें ऐसी बातें निकट सम्बन्धों में देखने को मिलती हैं। मनुष्य स्वभाव से संवेदनशील होते हैं और उन्हें कठोर वचन या लापरवाही से कही बात द्वारा चोट पहुँचाना बहुत आसान होता है।

बेईमानी, निन्दा या भेदभाव पैदा करनेवाली बात से भी दूसरों को नुकसान हो सकता है। निस्सन्देह किसी न किसी समय पर हम सबने ऐसी बातों के नकारात्मक परिणाम को महसूस किया है। इसकी वजह से विश्वास और स्नेह कम होता है और लोगों के बीच गलतफहमी और शत्रुता पैदा हो जाती है। इसी सन्दर्भ में, हमें विश्व की सभी नीतिगत पद्धतियों में पालन किए जानेवाले 'स्वर्णिम नियम' को ध्यान में रखना चाहिए : 'दूसरों के साथ वैसा व्यवहार कीजिए, जैसा आप अपने साथ चाहते हैं!'

इस मूल सिद्धान्त के अतिरिक्त, शरीर एवं वचन से हानिकारक कर्मों से बचने की बात करें तो मुझे दूसरी शताब्दी के एक भारतीय मनीषी नागार्जुन द्वारा लिखे एक ग्रंथ में उल्लिखित छह सिद्धान्त लाभदायक लगते हैं। उस ग्रंथ में नागार्जुन ने उस समय के एक भारतीय राजा को परामर्श दिया है। ये छह सिद्धान्त निम्नलिखित हैं :

1. नशीली वस्तुओं के अत्यधिक प्रयोग से बचने का प्रयास कीजिए।
2. 'सही जीवन' के सिद्धान्तों का पालन कीजिए।
3. शरीर, वचन और मन से सदा अहिंसक रहने का प्रयास कीजिए।

4. सबका सम्मान कीजिए।
5. माता-पिता, गुरु और दयालु लोगों को समुचित मान दीजिए।
6. सबके प्रति दया का भाव रखिए।

जीवनशैली के बारे में नागार्जुन ने निम्नलिखित उदाहरण दिए हैं जो गलत जीवनशैली को दर्शाते हैं : छल से दूसरों की सम्पत्ति प्राप्त करने का प्रयास करना; छलपूर्वक मीठे शब्दों का प्रयोग करके दूसरों से कुछ प्राप्त करने का प्रयास करना; दूसरे व्यक्ति की वस्तु प्राप्त करने के उद्देश्य से उसकी प्रशंसा करना; दूसरे व्यक्ति की वस्तु को बलपूर्वक छीनना; और पहले से प्राप्त वस्तु को और प्राप्त करने की आशा से उसके गुणों की प्रशंसा करना।

इनमें से अधिकांश बातें बेईमानी की ओर इशारा करती हैं। बेईमानी से मन का विश्वास नष्ट हो जाता है। दूसरों के साथ व्यवहार में पारदर्शिता बहुत जरूरी है। आज हम जो भी आश्चर्यजनक बातें सुनते हैं, उनमें भ्रष्टाचार सबसे अधिक है। सरकार, न्यायपालिका, अन्तर्राष्ट्रीय अर्थव्यवस्था, राजनीति, मीडिया और यहाँ तक कि अन्तर्राष्ट्रीय खेलों में भी भ्रष्टाचार फैल चुका है। यह सब कुछ सही जीवनशैली से जुड़ा है।

सावधानी, सजगता और जागरूकता

जिस तरह एक बढ़ई को कुर्सी बनाने से पहले छेनी, हथौड़ा और आरी चाहिए, उसी तरह हमें भी दैनिक जीवन में नीतिगत ढंग से जीने के लिए कुछ मूलभूत चीजों की आवश्यकता होती है। बौद्ध परम्परा में इन तीन उपकरणों को अन्तर-सम्बन्धित माना जाता है : सावधानी, सजगता और आत्म-मंथन जनित जागरूकता। ये तीनों बातें धर्मनिरपेक्ष सन्दर्भ में भी लाभकारी हैं। इनकी सहायता से हम दैनिक जीवन में मूल्यों को सुरक्षित रख प्रतिदिन के व्यवहार में अपने एवं दूसरों के लाभ हेतु मार्गदर्शन प्राप्त कर सकते हैं।

इन तीनों में सबसे पहला सिद्धान्त सावधानी है। इसका अर्थ है कि हमें हर समय सजग रहना चाहिए। तिब्बती शब्द बाख्यो का प्राय: सावधानी या सजगता या चेतना की तरह अनुवाद किया जाता है। इसका अर्थ है सावधान और सजग रहना। उदाहरण के लिए, यदि हमें मधुमेह रोग हो तो डॉक्टर हमें खान-पान में सावधानी रखने की सलाह देता है। हमें मीठी, नमकीन और तैलीय चीजों से दूर

रहना चाहिए ताकि हमारा रक्तचाप और शरीर में इंसुलिन की मात्रा नियंत्रित रहे। डॉक्टर हमें सतर्क करता है कि खान-पान में लापरवाही करने से हमें गम्भीर परिणाम भुगतने पड़ सकते हैं। मरीज अपने स्वास्थ्य की देखभाल करते, चिकित्सक की सलाह मानते हैं तथा सावधानीपूर्वक भोजन का ध्यान रखते हैं। यदि उनकी किसी निषेध वस्तु को खाने की इच्छा होती है तो ऐसे में सावधानी और सजगता का गुण संयम रखने में काम आता है।

बौद्ध ग्रंथ में एक जगह सावधानी का अर्थ समझाने के लिए एक कथा आती है जिसमें एक व्यक्ति को किसी अपराध का दोषी माना गया है और राजा उसे आदेश देता है कि उसे तिल के तेल से भरा एक कटोरा लेकर चलना है। उसके पीछे नंगी तलवार लिए एक सिपाही चलता है। दोषी को सावधान किया जाता है कि यदि कटोरे से तेल की एक भी बूंद तेल छलकी तो उसका गला काट दिया जाएगा। इस बात से हम कल्पना कर सकते हैं कि वह व्यक्ति कितना सावधान और सजग रहा होगा। उसका ध्यान पूरी तरह तेल पर रहेगा। यह कथा बताती है किस तरह सजगता का गुण सावधानी के साथ सम्बन्धित है।

आजकल ऐसी अनेक धर्मनिरपेक्ष पद्धतियाँ विकसित की जा चुकी हैं जो विवेकपूर्ण व्यवहार विकसित करने के काम आती हैं। उनसे तनाव में कमी आती है और हताशा के उपचार में भी उनका उपयोग होता है। इस सन्दर्भ में विवेक का अर्थ अपने ही व्यवहार, विचारों और भावनाओं के प्रति जागरूक रहना है। हमें हानिकारक आदतों, विचारों और भावनाओं को त्याग देना होगा। यह बहुत अच्छा और प्रशंसनीय प्रयास है। हम जागरूकता को कैसे विकसित कर सकते हैं, इस विषय पर मैं अध्याय 9 में लौटूँगा।

तथापि, दैनिक जीवन में नीतिगत ढंग से जीने के सन्दर्भ में मेरे विचार से सजगता का सबसे महत्त्वपूर्ण अर्थ पुनर्विचार है। दूसरे शब्दों में, यदि हम अपने विचारों को एकत्रित कर उसके द्वारा अपने मूल्यों को याद करें तो इसी को वास्तव में सजगता कहते हैं। तिब्बती भाषा में सजगता के लिए 'रेनपा' शब्द का प्रयोग होता है जिसका अर्थ 'स्मृति' है। इससे हमें दैनिक गतिविधियों में मानसिक शान्ति मिलती है, बीती बातों को याद करने से हम बुरी आदतों में लिप्त नहीं होते और हमें हानिकारक गतिविधियों से बचने में सहायता मिलती है। गंदगी फैलाना, निरर्थक कार्य करना अथवा बुरी आदतों में लिप्त होना, ये कुछ सरल उदाहरण है जिन्हें सजगता के प्रयोग से सुधारा जा सकता है।

जागरूकता का, जिसे तिब्बती भाषा में शेशिन कहते हैं, अर्थ अपने व्यवहार के प्रति सजगता है। इसका आशय है कि हमें अपने व्यवहार को ईमानदारी से देखना और इसे नियंत्रित करने का प्रयास करना चाहिए। हम अपने शब्दों और कार्यों के प्रति सजग रहकर कुछ कामों को करने और बातों को बोलने से बच सकते हैं, जिनके लिए हमें बाद में प्रायश्चित्त करना पड़ सकता है। उदाहरण के लिए क्रोध के समय यदि हम यह महसूस कर पाएँ कि क्रोध से हमारी समझ नष्ट हो रही है तो हम दूसरों को कड़वी बातें कह देते हैं। हालाँकि हम मन से ऐसा नहीं कहना चाहते इसलिए खुद पर नजर रखने की क्षमता बहुत काम आती है। इससे हम नकारात्मक व्यवहार को नियंत्रित रख सकते हैं तथा हमें अपनी भावनाओं को समझने में भी मदद मिलती है।

अपने व्यवहार यानी, अपने कार्यों, विचारों और शब्दों के प्रति जागरूकता एक रात में नहीं सीखी जा सकती। यह धीरे-धीरे विकसित होती है। हम सजग रहकर इसमें निपुण हो सकते हैं।

इस मानसिक उपकरण से कुछ पाठकों को लगता है मानो मैं उन्हें अन्तरात्मा की आवाज सुनने की सलाह दे रहा हूँ। यह विचार नीतिगत जीवनशैली की दिशा में महत्त्वपूर्ण भूमिका निभाता है। यह सत्य है कि इन दोनों में काफी समानताएँ हैं। कुछ धर्मों में अन्तरात्मा को भगवान की देन कहा गया है, जिसके कारण मनुष्य अन्य प्राणियों से बेहतर माना जाता है। धर्मनिरपेक्ष दृष्टिकोण से देखें तो समझ आएगा कि यह अन्तरात्मा, हमारी जैविक प्रवृत्ति का एक परिणाम है और हम इसे बचपन में अपने वातावरण और समाज से प्राप्त करते हैं। इसे कैसे भी देखें तो हर समझदार और जिम्मेदार व्यक्ति सहमत होगा कि यह गुण, नैतिक समझ-बूझ के सन्दर्भ में बहुत महत्त्वपूर्ण है। व्यक्ति के धर्म के विषय में कुछ भी विचार हों, लेकिन अन्तरात्मा के बिना व्यक्ति का अस्तित्व भयावह होता है।

जागरूकता का अभ्यास और अन्तरात्मा की आवाज सुनना दोनों अलग बातें हैं। बौद्ध नीति सिद्धान्तों में अन्तरात्मा की अवधारणा नहीं है। वहाँ उसे मस्तिष्क से अलग नहीं माना जाता लेकिन फिर भी अन्तरात्मा का होना महत्त्व रखता है। आत्म-सम्मान और सहानुभूति जैसे दो महत्त्वपूर्ण गुणों के सन्दर्भ में इसे समझाया जा सकता है।

आत्म-सम्मान का सम्बन्ध, व्यक्तिगत निष्ठा से है। जब कभी हमारे मन

में किसी गलत गतिविधि में लिप्त होने की इच्छा होती है तो अपनी छवि ही मार्ग में बाधक बन जाती है। हमें यह विचार आता है कि 'मुझे यह काम करना शोभा नहीं देता।' दूसरों का ध्यान रखने से आशय है कि हम दूसरों की इच्छा और उनकी सम्भावित असहमति का ध्यान रखें। इन दोनों महत्त्वपूर्ण तत्त्वों के संयोग से हमें सावधानी का एक अतिरिक्त स्तर मिलता है जो हमारी नैतिक संरचना को और सुदृढ़ बनाता है।

सदाचार की नीति

यदि हम सजगता, जागरूकता और सावधानी के साथ प्रतिदिन कार्यों और बोले गए शब्दों द्वारा दूसरों को हानि पहुँचाने से बच सकते हैं, तो हम सक्रिय रूप से दूसरों की भलाई के कामों को भी गम्भीरता से कर सकते हैं। इससे हमें आन्तरिक खुशी और आत्मविश्वास प्राप्त होता है। हम दूसरों के प्रति उदार बनकर उनकी सहायता कर सकते हैं। इसलिए दूसरों पर जब कष्ट आता है, या वे गलती करते हैं तो उनकी निन्दा करने अथवा दोष देने के बजाय, हमें उनकी सहायता करनी चाहिए। प्रशंसा के लिए अच्छे शब्दों का इस्तेमाल करना लोगों की समस्याओं को सुनना और सलाह देना और उत्साहवर्धन करना भी लाभकारी होता है।

अपने शब्दों और कार्यों से दूसरों को लाभ पहुँचाने के लिए हमें उनकी उपलब्धियों पर खुश होना सीखना चाहिए। इस आदत से ईर्ष्या का प्रतिकार होता है। ईर्ष्या से अनावश्यक कष्ट होता है और यह दूसरों तक पहुँचने के मार्ग में एक बड़ी बाधा है। कई तिब्बती गुरु कहते हैं कि दूसरों के प्रति सहानुभूति रखना और उनकी खुशी से खुश होना, अपने गुण विकसित करने का सबसे आसान तरीका है।

परोपकार की नीति

दूसरों के लाभ के लिए नि:स्वार्थ भाव से काम और शब्दों का प्रयोग करना ही परोपकार कहलाता है। विश्व के प्रमुख धर्म और परम्पराएँ, परोपकार को सर्वोच्च नैतिक गुण मानती हैं। कई धर्मों में तो इसे मोक्ष का मार्ग भी बताया गया है।

परोपकार, नैतिकता का सर्वोच्च गुण है लेकिन इसका यह आशय नहीं है कि परोपकार केवल कुछ विशिष्ट लोग ही कर सकते हैं। वास्तव में अनेक लोग, जो समाज-सेवा, स्वास्थ्य, चिकित्सा, शिक्षण आदि व्यवसाय से जुड़े हैं , नैतिकता के मार्ग पर चल रहे हैं। ऐसे व्यवसाय जो दूसरों के जीवन में परिवर्तन लाते हैं और उन्हें लाभ पहुँचाते हैं, आदर्श और नेक व्यवसाय माने जाते हैं। इसके अलावा भी कई तरीके हैं जिनके द्वारा दूसरों को लाभ पहुँचाया जा सकता है। इसके लिए हमें जन-सेवा को अपनी प्राथमिकता बनाना होगा।

जनसेवा के लिए विवेक का प्रयोग करना होता है। इसी से हम अपने कार्यों के परिणाम का आकलन करते हैं और फिर सावधानी से विवेक का इस्तेमाल करके जीवन में सजग रहकर अपने कार्यों और शब्दों के प्रयोग में निपुणता हासिल करते हैं। यह स्वतंत्रता का मुख्य आधार है। आत्मानुशासन तथा दूसरों के लाभ हेतु कार्य करके हम जन-कल्याण के कार्य को सक्रिय रूप से आगे बढ़ा सकते हैं।

9

विनाशकारी भावनाओं से निपटना

मैं पहले भी कह चुका हूँ यदि हमारे आनन्द की कुंजी हमारे ही मस्तिष्क में है तो उस कुंजी तक पहुँचने की मुख्य बाधाएँ भी हमारे मस्तिष्क में ही हैं। इसमें सन्देह नहीं कि हमारे कल्याण और सन्तोषप्रद जीवन के मार्ग की सबसे बड़ी बाधाएँ, हमारे मन में कष्टदायक भावनाएँ हैं जो हमारे भीतर व्याप्त रहती हैं। ये भाव मनुष्य के आनन्द के शत्रु हैं और व्यवहार को नष्ट करने के मुख्य स्रोत हैं। नकारात्मक भावनाओं से निपटना नैतिक और आध्यात्मिक जीवन के लिए बहुत महत्त्वपूर्ण है।

इन विनाशकारी प्रवृत्तियों और आदतों पर इनकी पकड़ को ढीला करने के तरीकों पर बात करने से पहले मैं एक प्रश्न पर चर्चा करना चाहता हूँ। क्या यह हमारा वास्तविक लक्ष्य है? क्या मनुष्यों में स्वयं को अन्दर से बदलने की क्षमता मौजूद होती है?

आत्म-सुधार की सम्भावना

विश्व के सभी प्रमुख धर्म मानते हैं कि मनुष्य के भीतर बदलाव की क्षमता मौजूद है। लेकिन धर्मनिरपेक्ष सन्दर्भ में इस क्षमता को सिद्ध करना चुनौतीपूर्ण हो सकता है। कोई कट्टर भौतिकवादी कह सकता है कि हम पूरी तरह अपने जीव-विज्ञान द्वारा नियंत्रित होते हैं और आधुनिक सन्दर्भ में कहें तो हम विशिष्ट तौर पर 'तैयार' किए गए हैं। इस दृष्टिकोण से देखें तो कुछ लोग स्वभाव से क्रोधी होते

हैं, जबकि कुछ लोग उदार और सौम्य स्वभाव के होते हैं, कुछ आशावादी तो कुछ निराशा में डूबे रहते हैं। इस दृष्टिकोण से देखें तो कुछ गुण जन्मजात हमारे भीतर होते हैं और क्रोध, ईर्ष्या और घृणा जैसे विनाशकारी भाव हमारे स्वभाव का हिस्सा हैं। ऐसे में यह सही है कि हम इन भावनाओं को बदलने के लिए कुछ नहीं कर सकते। इस दृष्टि से हमारे लिए अपने स्वभाव को बदलना असम्भव है।

यदि हम भावनाओं को बदलने के लिए कुछ नहीं करते तो हम उनके गुलाम बन सकते हैं। लेकिन धीरे-धीरे मनोविज्ञान और तंत्रिका-विज्ञान से प्राप्त प्रमाणों के आधार पर लगता है कि कुछ प्रयास द्वारा भीतर भावनात्मक अन्तर लाना सम्भव है। मैं पहले भी कह चुका हूँ कि मैं स्वयं वैज्ञानिक नहीं हूँ लेकिन पिछले कई वर्षों में मैंने इस तरह के मुद्दों पर विशेषज्ञों से चर्चा की है और उनके साथ हुए संवादों के आधार पर मुझे लगता है कि हाल में मस्तिष्क के लचीलेपन को लेकर हुई खोज द्वारा विज्ञान इस बात का स्पष्टीकरण दे पाएगा कि हमारे भीतर बदलाव की क्षमता मौजूद है। शोधकर्ताओं ने पाया कि हमारे मस्तिष्क की बनावट और उसका स्वभाव हमारे विचारों और अनुभवों के आधार पर समय के साथ बदल जाता है। इसके अतिरिक्त वैज्ञानिक अब हमारे मस्तिष्क के भागों के अन्तर्सम्बन्ध को भी समझ सकते हैं। वे हमारी उच्च तर्कशीलता, विचार क्षमता और मस्तिष्क में बादाम के आकार के एमिगडेला नामक भाग के सम्बन्ध को भी समझने का प्रयास कर रहे हैं। तंत्रिका-विज्ञान में हुई इस प्रगति ने बहुत-से वैज्ञानिकों का ध्यान इस ओर आकर्षित किया है कि हम प्रयास द्वारा अपने स्वभाव और भावनाओं, मस्तिष्क की बनावट को बदल सकते सकते हैं। इस क्षेत्र में हुए शोध अभी अपरिपक्व है लेकिन मैं आनेवाले समय को लेकर आशावादी हूँ। इसलिए एक ओर, कट्टर भौतिकवादी के लिए आशा का आधार मौजूद है तो दूसरी ओर आस्थावादी व्यक्ति के लिए भी विश्वास की जगह है।

भावनाओं का संसार

यह बात बड़ी रोचक है कि जिस पुरातन बौद्ध मस्तिष्क विज्ञान में मेरा प्रशिक्षण हुआ है, उसमें भाव की अवधारणा एकमात्र श्रेणी नहीं है, जैसा कि समकालीन पाश्चात्य मनोविज्ञान में समझा जाता है। वास्तव में संस्कृत या तिब्बती भाषा में ऐसा कोई शब्द नहीं है जिसे हम 'इमोशन' या भाव कह सकें। विचार एवं भावनात्मक

आयाम सहित मस्तिष्क की सभी अवस्थाओं में पाँच सर्वव्यापी मानसिक तत्त्व शामिल हैं। उनमें महसूस करना एक तत्त्व है, और अन्य चार तत्त्व—भेद, ध्यान, सम्पर्क और इच्छा हैं। एक से दस तक गिनने जैसी सरल मानसिक प्रक्रिया में भी महसूस करनेवाला तत्त्व कुछ सीमा तक मौजूद है।

हमारी भावनात्मक अवस्था को श्रेणीबद्ध करने के कई तरीके होते हैं। उदाहरण के लिए, आधुनिक मनोविज्ञान में सुखदायक सकारात्मक भावनाओं और कष्टदायक नकारात्मक भावनाओं के बीच स्पष्ट भेद किया जाता है।

बौद्ध मनोविज्ञान में यह भेद कुछ अलग ढंग से होता है। इसमें सुखदायक और कष्टदायक के बीच नहीं, बल्कि लाभदायक और हानिकारक अवस्था के बीच भेद किया जाता है। विनाशकारी अवस्था, जिसे तिब्बती भाषा में 'योनमोंग' और संस्कृत में 'क्लेश' कहते हैं, दूरगामी जन-कल्याण को प्रभावित करती है लेकिन गैर-हानिकारक मानसिक अवस्थाओं से विनाशकारी प्रभाव उत्पन्न नहीं होता है।

भावनात्मक अनुभव को श्रेणीबद्ध करने के तरीकों को ध्यान में रखते हुए पाठक के लिए महत्त्वपूर्ण है कि वह हानिकारक और विनाशकारी भावनाओं को लेकर दुविधा में न फँसे। कई बार भाव एक-दूसरे पर हावी हो जाते हैं। उदाहरण के लिए, घृणा का भाव दुख पैदा करता है। लेकिन कुछ अनुभव सुखद न होते हुए भी लाभकारी हो सकते हैं। इसी तरह कुछ भावनाएँ सुखद होकर भी विनाशकारी होती हैं। उदाहरण के लिए कष्ट और प्रायश्चित्त के भाव सुखद नहीं होते लेकिन इन्हें विनाशकारी भी नहीं कहा जा सकता। किसी प्रियजन की मृत्यु के अवसर पर दुख महसूस करना सकारात्मक होता है क्योंकि इससे हम परिवार को हुई क्षति को स्वीकार करके जीवन में आगे बढ़ पाते हैं। कुछ भाव जो शुरू में सुखद लगते हैं, मानसिक शान्ति और स्थिरता के लिए हानिकारक हो सकते हैं। इसका एक उदाहरण वासना है। इसका अर्थ है किसी वस्तु की अत्यधिक इच्छा। ऐसी इच्छा कुछ सीमा तक सुख दे सकती है लेकिन किसी वस्तु से अधिक लगाव होने पर सन्तुष्टि का भाव नष्ट हो जाता है। इससे मानसिक सन्तुलन बिगड़ता है, जो आगे चलकर विनाशकारी और कष्टदायक सिद्ध हो सकता है।

धर्मनिरपेक्ष नैतिकता के सन्दर्भ में अपने व दूसरों के कल्याण-भाव के लिए हानिकारक और लाभकारी मानसिक अवस्थाओं के बीच भेद बहुत करना जरूरी है क्योंकि इनका सम्बन्ध सीधे तौर पर आनन्द और नैतिकता से है। लोगों की

भिन्न सांस्कृतिक पृष्ठभूमियों की तरह यह बात भी अलग-अलग स्थितियों में भिन्न होती है कि कौन-सी अवस्था विनाशकारी है और कौन-सी लाभप्रद। सामान्य तौर पर हम उन भावनाओं को विनाशकारी कहते हैं जो मन में दुविधा पैदा करती हैं और हमें नियंत्रित करके हमारी मानसिक स्वतंत्रता को हानि पहुँचाती हैं। इसके अन्तर्गत दो और उप-श्रेणियाँ हैं : एक ओर लोभ, घृणा और वैमनस्य जैसे भाव हैं जो सदा ही विनाशकारी होते हैं। दूसरी ओर, आसक्ति, क्रोध या भय हैं जो केवल आवश्यकता से अधिक हो जाने पर विनाशकारी होते हैं।

जीव-विज्ञान की दृष्टि से, हमारी मूल भावनाओं के उद्देश्य विकास की प्रक्रिया से जुड़े हैं। उदाहरण के लिए, आसक्ति हमें एक-दूसरे के निकट लाती है और सम्बन्धों को सुदृढ़ करती है। इसी तरह क्रोध खतरनाक शक्तियों को हमसे दूर रखता है, भय के कारण हम सतर्क रहकर खतरे से निपट सकते हैं और ईर्ष्या से हमें प्रतिस्पर्धी बनने का मौका मिलता है। वैज्ञानिकों ने दर्शाया है कि मूल भावनाओं के जैविक आयाम होते हैं। उदाहरण के लिए खतरा महसूस होने पर हमारे भीतर भय उत्पन्न होता है, जिसके कारण पैरों में खून का संचार तेज हो जाता है, एड्रिनलिन का प्रवाह बढ़ जाता है, हृदय की गति तेज हो जाती है और इस तरह भय का भाव हमें भागने के लिए तैयार कर देता है। क्रोध के समय हमारे हाथों में रक्त का प्रवाह ज्यादा होने लगता है और हम खतरे से निपटने के लिए तैयार हो जाते हैं। ध्यान में रखने योग्य बात यह है कि सभी भाव अपने आप में विनाशकारी नहीं होते। लेकिन परिस्थिति के अनुपात में इनकी तीव्रता आवश्यकता से अधिक होने पर यह विनाशकारी बन सकते हैं।

जहाँ तक आसक्ति का प्रश्न है, यह भाव हमें अपने परिवार और समुदाय से जोड़ता है। इसलिए हम इसे विनाशकारी नहीं मानते। लेकिन यह भाव जब आवश्यकता से अधिक बढ़ जाता है और आसक्ति वाली वस्तु को अपने अधीन करने का प्रयास करता है तो यह विनाशकारी बन जाता है। यही बात कामना पर लागू होती है। कामना भी अपने आप में विनाशकारी नहीं है क्योंकि कामना के बिना मानव-जाति का अस्तित्व ही नहीं रहेगा। वास्तव में कामना के कारण हम अपनी दैनिक गतिविधियाँ कर पाते हैं जैसे सुबह उठना, खाना, काम करना और अपने लक्ष्यों को पूरा करना।

इसी तरह क्रोध हमेशा विनाशकारी नहीं होता। उदाहरण के लिए अपमान या अन्याय की स्थिति में क्रोध उत्पन्न होता है। क्रोध का भाव क्षणिक होता

है। वह मस्तिष्क को केन्द्रित करके ऊर्जा और इच्छाशक्ति का संचार करता है। इसलिए कुछ परिस्थितियों में क्रोध भी एक प्रभावी तरीका है जिससे हम अपने कार्य पूरा कर पाते हैं। लेकिन आवश्यकता से अधिक क्रोध के कारण पैदा हुई ऊर्जा हानिकारक हो सकती है। हम सभी ने कभी न कभी दूसरों के क्रोध का सामना किया है इसलिए हम इसके दुखद और कष्टप्रद परिणामों से परिचित हैं।

जहाँ एक ओर क्रोध सकारात्मक भूमिका निभाता है, वहीं इसके विपरीत घृणा से हमें कोई लाभ नहीं मिलता। घृणा हमेशा विनाशकारी होती है।

क्रोध की भाँति भय भी हर परिस्थिति में विनाशकारी नहीं होता। भय के कारण हम अधिक सतर्क और खतरे के प्रति सचेत हो जाते हैं। यह जोश में वृद्धि और स्थिति को सँभालने में मदद करता है। परन्तु आवश्यकता से ज्यादा भय हमें कमजोर बना देता है और मानसिक अवस्था को नुकसान पहुँचाता है। इसके अतिरिक्त, अनावश्यक तनाव से स्वास्थ्य को हानि होती है। इसलिए आवश्यक और अनावश्यक भय में अन्तर करने का प्रयास करना चाहिए। भय, आवश्यक हो तो ठीक है क्योंकि यह हमें जीवित रहने में सहायता करता है। यदि कोई पागल कुत्ता हमारी ओर दौड़ता आए तो हमें भयभीत होकर खुद को बचाना चाहिए। यह बिलकुल सही प्रतिक्रिया है। लेकिन काल्पनिक बात से भयभीत नहीं होना चाहिए क्योंकि यह व्यर्थ है और इससे हानि पहुँचती है। इसलिए स्थिति को ठीक से समझना चाहिए।

भावनाओं के ये दो पहलू हैं जो कभी विनाशकारी तो कभी लाभप्रद होते हैं। ये पहलू दूसरी मानसिक अवस्थाओं में भी देखने को मिलते हैं जैसे संशय, शर्म, दुख, प्रतिस्पर्धा और अहंकार। संशय एक ऐसी मानसिक अवस्था है जिसके कारण हम जाँच-पड़ताल के लिए आगे बढ़ते हैं और इससे हमारी समझ बढ़ती है। मैं हमेशा कहता हूँ कि थोड़ा-सा संशय अच्छा होता है क्योंकि इससे हमारा दिमाग नई जानकारी के लिए खुल जाता है। लेकिन संशय को अपने भीतर रहने का स्थान नहीं देना चाहिए क्योंकि यह हमें निष्क्रिय बना देता है और फिर हम निर्णय लेने में अक्षम हो जाते हैं। यही बात शर्म पर भी लागू होती है। शर्म एक महत्त्वपूर्ण सामाजिक भाव है। यह सकारात्मक भूमिका निभाता है। लेकिन यदि शर्म का भाव आवश्यकता से ज्यादा हो जाए तो हम अपना ही मूल्यांकन करने में दुर्बल हो जाते हैं। यह आगे चलकर हानिकारक होता है। दुख के सन्दर्भ में भी कह सकते हैं कि यह भाव सकारात्मक है और अच्छे परिणाम देता है। लेकिन यदि

दुख, मस्तिष्क की आदत बन जाता है और अकारण भी मन में दुख व्याप्त रहता है, ऐसे में यह हानिकारक हो जाता है और धीरे-धीरे हताशा में बदल जाता है।

प्रतिस्पर्द्धा का भाव भी सकारात्मक होता है क्योंकि यह हमें कुछ बेहतर प्राप्त करने में सहायता करता है। लेकिन प्रतिस्पर्द्धा के कारण दूसरों को नीचा दिखाने की कोशिश करना कष्टदायक हो सकता है।

इसी तरह अहं भी दो तरह का होता है। अपने विषय में अच्छा सोचना सकारात्मक होता है। इससे आत्मविश्वास बढ़ता है और लक्ष्य को प्राप्त करने में मदद मिलती है। लेकिन यदि अहं के कारण हमारा व्यवहार स्वार्थपूर्ण हो और वह दूसरों के शोषण का माध्यम बनकर निजी स्वार्थ तक ही सीमित हो जाए तो ऐसे अहं से हानि होने की सम्भावना है।

मानसिक प्रक्रियाओं जैसे सूक्ष्म मामलों पर विचार करते समय यह जरूरी है कि हमें ज्यादा हठधर्मी नहीं होना चाहिए। सन्दर्भ को बिना समझे यह बताना मुश्किल है कि कोई विशिष्ट मानसिक अवस्था विनाशकारी होगी अथवा नहीं। ऐसे निर्णय लेने के लिए प्राय: अन्तर्निहित उद्देश्य देखना होता है और भाव के परिणाम पर भी विचार करना जरूरी है। मस्तिष्क में खुलापन और सोच में लचीलापन होना आवश्यक है।

विनाशकारी भावनाओं की विशेषताएँ

जो बात हमें लगभग सभी विनाशकारी भावों के साथ देखने को मिलती है, वह यह है कि वह सत्य देखने की क्षमता को भ्रमित कर देती है। इससे दृष्टिकोण संकीर्ण हो जाता है और हम परिस्थिति को सही परिप्रेक्ष्य में नहीं देख पाते। उदाहरण के लिए, किसी वस्तु के प्रति अधिक आसक्ति, इच्छा या वासना महसूस होती है तो हम उस वस्तु के प्रति अपने आकर्षण के स्तर को देखते हैं जो हमें वास्तविकता से अधिक बड़ा दिखाई पड़ता है। यहाँ तक कि हम उस वस्तु की कमियों को भी नजरअन्दाज़ कर देते हैं। इस अधिकता के चलते असुरक्षा का भाव पैदा हो जाता है। यह असुरक्षा उस वस्तु को प्राप्त करने की हमारी इच्छा को दर्शाती है और हमें ऐसा महसूस होता है कि हम उसके बिना अधूरे हैं। अत्यधिक आसक्ति किसी वस्तु को अपने अधीन करने की इच्छा से उत्पन्न होती है। यह हमें परेशान कर सकती है, विशेष तौर पर यदि वह वस्तु कोई दूसरा व्यक्ति है। इसलिए

किसी भी चीज से बहुत ज्यादा लगाव हमें अस्थिर बना सकता है। किसी वस्तु या व्यक्ति के प्रति कुछ देर के लिए तीव्र आकर्षण हो सकता है लेकिन यदि किसी कारण हमें आगे बढ़ने से रोक दिया जाए तो यही भाव आसानी से घृणा या अवसाद में बदल जाता है।

अधिक क्रोध, घृणा, अवमानना या निन्दा के मामले में भी यही होता है। हमें जब किसी पर तेज गुस्सा आता है तो वह वस्तु सौ प्रतिशत गलत नज़र आती है। यद्यपि शान्ति के समय में वही व्यक्ति हमें अच्छा लगता है। इसलिए बहुत तीव्र भाव उत्पन्न होने पर विवेकपूर्ण ढंग से सोचने की क्षमता नष्ट हो जाती है। हम अपने कार्यों के परिणाम नहीं देख पाते जिसके फलस्वरूप सही और गलत का भेद मिट जाता है। हम लगभग पागल हो जाते हैं और हमें केवल अपना हित नजर आता है। कुछ समय बाद क्रोध शान्त होने पर भावनाएँ स्थिर हो जाती हैं और फिर हमें क्रोध में किए कार्य या कही बात का पछतावा होता है।

कुछ साल पहले स्वीडन यात्रा के दौरान मेरी भेंट डॉक्टर ऐरन बैक से हुई थी, जो मनोवैज्ञानिक चिकित्सा की एक प्रमुख शाखा, ज्ञान-सम्बन्धी व्यवहार पद्धति के संस्थापक हैं। यह पद्धति हताशा और अन्य व्यवहार सम्बन्धी समस्याओं को सुलझाने में बहुत प्रभावशाली सिद्ध हुई है। हमारी भेंट हुई उस समय डॉक्टर बैक से जिनकी आयु 80 वर्ष से अधिक थी। मुझे यह जानकर मजा आया कि उनके बहुत से निष्कर्ष, मनोविज्ञान के अनुभवों से मिलते-जुलते थे। उदाहरण के लिए उन्होंने कहा कि नब्बे प्रतिशत मामलों में अत्यधिक क्रोध, किसी विशिष्ट व्यक्ति या वस्तु के प्रति हमारे मन के नकारात्मक भाव को बढ़ा देता है। बौद्ध ग्रंथों में भी यही बात कही गई है।

सभी तरह के विनाशकारी मानसिक भाव किसी न किसी तरीके से हमारी दृष्टि को भ्रमित और विवेक को धुँधला कर देते हैं। इसके कारण हम सही निर्णय नहीं कर ले पाते। ऐसा कहा जा सकता है कि ये भाव, हमारे मस्तिष्क को हमसे छीन लेते हैं।

भाव परिवार

विनाशकारी भावों को समझने का एक बेहतर तरीका यह है कि उन्हें परिवार के रूप में देखा जाए। उनमें केवल उनकी अन्तर्निहित अवस्था का अन्तर होता है।

उदाहरण के लिए क्रोध के परिवार में घृणा, वैमनस्य और ईर्ष्या के साथ नफरत का भी मिश्रण होता है, जबकि आसक्ति भाव के परिवार में लोभ, कामना, इच्छा आदि के साथ आकर्षण मुख्य तत्त्व होता है। कुछ अन्य तरह के विनाशकारी भावनाओं के परिवार हैं—ईर्ष्या, अहंकार और सन्देह। इन सबमें एक ओर आकर्षण की अधिकता होती है तो दूसरी ओर अत्यधिक नफरत का भाव होता है। हम पहले भी देख चुके हैं कि आसक्ति और नफरत अथवा इन दोनों के असन्तुलित मिश्रण के अलावा सभी तरह की विनाशकारी भावनाओं में गैर-वास्तविक या भ्रमित करनेवाला दृष्टिकोण मुख्य तत्त्व होता है।

ईर्ष्या एक जटिल किस्म का विनाशकारी भाव है क्योंकि इसकी जड़ में आसक्ति और आकर्षण है। उसमें क्रोध और वैमनस्य का भाव भी मिश्रित रहता है। हाल में आनन्द पर हुए वैज्ञानिक शोध बताते हैं कि आज की दुनिया में, विशेषकर समृद्ध समाज में, असन्तुष्टि का प्रमुख कारण मनुष्यों द्वारा दूसरों के साथ तुलना करने की प्रवृत्ति है। यह प्रवृत्ति मूल रूप से ईर्ष्या से पैदा होती है।

अहंकार के परिवार में घमंड, पक्षपात, यहाँ तक कि शर्मिंदगी का भाव भी होता है। इसमें भी आकर्षण और विकर्षण का मिश्रण मौजूद है : उदाहरण के लिए अपनी छवि के प्रति आकर्षण और उस छवि को नुकसान पहुँचानेवाली वस्तु से नफरत का भाव इसका एक अच्छा उदाहरण है। हम अपनी छवि चाहे सामाजिक प्रतिष्ठा या किसी उपलब्धि अथवा जन्म-सम्बन्धी परिस्थितियों के आधार पर बनाएँ, लेकिन हम कई बार उस छवि के चलते ऐसे काम कर बैठते हैं जिनसे दूसरों का अपमान होता है। इससे हमें और दूसरों को क्षति पहुँचती है।

अन्त में, सन्देह भाव का परिवार है। इसमें तनाव और ग्लानि जैसे तीव्र विनाशकारी भाव होते हैं। यह सब आत्म-निन्दा और भय की आदत से पैदा होते हैं। और इनसे हमारे भीतर व्याप्त करुणा के भाव पर बुरा असर पड़ता है। इसलिए कहा जा सकता है कि सन्देह का भाव हानिकारक होता है।

ये विनाशकारी भावनाएँ मेरे विचार से कल्याण-मार्ग की सबसे बड़ी बाधाएँ हैं। ये न केवल हमारे मार्ग को अवरुद्ध करती हैं, बल्कि इनसे आसपास की पूरी दुनिया प्रभावित होती है। ये भाव मुख्य रूप से हमें करुणा जैसे सकारात्मक मूल्यों पर अमल नहीं करने देते। हम इन विनाशकारी भावनाओं के नकारात्मक परिणाम को पहचान कर और इनकी व्यवस्था को समझने के बाद इनसे प्रभावशाली ढंग से निपट सकते हैं।

इन विनाशकारी भावनाओं को नियंत्रित करने के लिए हमें दो तरीके अपनाने होंगे। एक, हमें अपने भीतर मौजूद विनाशकारी प्रवृत्तियों के प्रभाव को कम करने की कोशिश करनी होगी और दूसरा, हमें सकारात्मक गुणों में वृद्धि का प्रयास करना होगा। इन दोनों तरीकों के प्रयोग से मस्तिष्क को प्रशिक्षित किया जा सकता है और फिर सही मायने में आध्यात्मिक अभ्यास करना सम्भव है।

इन सब हाथों की अपनी एक कहानी है

दृष्टिकोण को अपनाना

हमें कष्टप्रद और नकारात्मक भावनाओं से निपटने के लिए सबसे पहले एक दृष्टिकोण अपनाना होगा : विरोध का दृष्टिकोण।

हमें विरोध का सिद्धान्त समझना होगा। इसमें सकारात्मक भावनाएँ, नकारात्मक मूल्यों को काटती हैं। यह बाहरी जगत तक ही सीमित नहीं, बल्कि हमारे आन्तरिक या मानसिक संसार पर भी लागू होती है। हम अपनी प्राचीन और महान परम्पराओं से मिले ज्ञान द्वारा मानसिक अवस्था से निपट सकते हैं और नकारात्मक प्रवृत्तियों से बचने के लिए इनका उपयोग कर सकते हैं। यदि नकारात्मक और विनाशकारी भावनाओं का विरोध करने के लिए हमारे पास पर्याप्त शक्ति नहीं होगी तो हम इनका कुछ नहीं कर सकते। लेकिन यदि इसके विरुद्ध हमारे पास सकारात्मकता है तो फिर इनका शक्तिशाली ढंग से प्रतिकार सम्भव है। उदाहरण के लिए, क्रोध का प्रतिकार सहनशीलता से, लोभ का प्रतिकार सन्तुष्टि से, डर का साहस से, तथा संशय का समझ-बूझ से प्रतिकार किया जा सकता है।

नकारात्मक भावनाओं की विनाशकारी प्रवृत्ति को पहचानना इन भावनाओं का विरोध करने का बहुत कारगर तरीका है। हमें मन में विश्वास रखना चाहिए कि हम इनसे निपट सकते हैं। यह विश्वास इन भावों से निपटने का आधार प्रदान करता है। नकारात्मक भावनाओं के प्रति सजग रहने और करुणा द्वारा यह दृष्टिकोण तैयार किया जा सकता है। हमें समझना होगा कि घृणा और लोभ जैसे भावों से न केवल व्यक्तिगत समस्याएँ पैदा होती हैं बल्कि यह सामूहिक समस्याओं की भी जड़ है। इन्हीं से युद्ध, गरीबी और पर्यावरणीय समस्याओं का जन्म होता है। इनके विरोध से हमें रास्ता मिलता है, सजग रहकर ऐसी भावनाओं के विरुद्ध

शक्तिशाली बल तैयार होता है। इसलिए ऐसी प्रवृत्तियों के विरुद्ध सजग दृष्टिकोण रखने की आवश्यकता है।

घृणा जैसे विनाशकारी भावना से थोड़ी भी देर के लिए ध्यान हटा लेने से हमसे गलत काम हो सकता है। एक क्षण की लापरवाही से क्षति हो सकती है। बौद्ध धर्म में मनुष्य के मस्तिष्क की तुलना जंगली हाथी से की गई है। किसान जानते हैं कि हाथी को गुस्सा आने पर वह भयानक तबाही मचा सकता है। लेकिन अनियंत्रित और क्रोधी मस्तिष्क, जो क्रोध, ईर्ष्या और अहंकार से भरा हो, जंगली हाथी से भी ज्यादा खतरनाक होता है।

विध्वंसात्मक भावों से निपटने के लिए हमें अपने भीतर दृढ़ उत्साह और प्रतिबद्धता विकसित करनी होगी। यदि हम इन भावनाओं के नकारात्मक प्रभाव पर अधिक ध्यान देंगे तो यह उत्साह हमारे भीतर स्वत: पैदा हो जाएगा। ये नकारात्मक भाव आन्तरिक स्तर पर क्षति पहुँचाते हैं और भीतर व्याप्त कल्याण की भावना को नष्ट करते चलते हैं। समय के साथ मन के आनन्द के मुख्य स्रोत—आन्तरिक शान्ति, मानसिक स्वतंत्रता और सहानुभूति—में कमी आने लगती है। इन भावों से ये स्रोत नष्ट होने लगते हैं। यह सच है कि पूरी दुनिया में हिंसा और विनाश, चारों ओर व्याप्त घृणा का परिणाम है। घृणा के हानिकारक परिणामों को व्यक्तिगत, पारिवारिक और विश्वव्यापी स्तरों पर देखा जा सकता है।

यही कारण है कि मैं लोगों को ऐसी भावनाओं के विनाशकारी प्रभाव पर ध्यान देने के लिए प्रेरित करता रहता हूँ। मैं इस विषय पर अध्याय 11 में फिर लौटूँगा जहाँ सरल मानसिक प्रशिक्षण आदि पर चर्चा करूँगा, जिसके द्वारा इन नकारात्मक और विनाशकारी भावनाओं को नियंत्रित करने के लिए जरूरी विश्वास पैदा किया जा सकता है।

विनाश के कारणों को समझना

विनाशकारी भावों से निपटने का संकल्प करके ही हम इनके कारणों पर विचार कर सकते हैं। ऐसे नकारात्मक भाव कहाँ से आते हैं? हमें लगता है कि ये भाव हमें दुनिया से और हमारे साथ अनुचित व्यवहार करनेवाले लोगों से मिलते हैं। यदि दूसरे लोग न होते तो हमारे पास गुस्सा करने या परेशान या चिन्तित होने का कारण ही नहीं होता!

अपनी समस्याओं का दोष बाहरी परिस्थितियों को देने की आदत स्वाभाविक है, खासतौर पर जब हम अपने भीतर चल रही प्रक्रिया को ध्यान से नहीं देखते। हमें यही लगता है कि कोई बाहर है जिसके कारण हमें परेशानी होती है। यदि हम गौर करें तो पता लगेगा कि परेशानी का कारण हमारे भीतर ही मौजूद है। हमारी अपनी विनाशकारी प्रवृत्तियाँ हमारी शत्रु हैं। यदि बाहरी परिस्थितियाँ हमारी परेशानी का कारण होतीं तो, मान लीजिए दस लोगों को एक जैसी परिस्थिति का सामना करना पड़े तो वे सभी एक-सी परेशानी महसूस करेंगे। लेकिन हम जानते हैं ऐसा नहीं होता। हम जीवन की परिस्थितियों का सामना किस तरह करते हैं, यह हमारे व्यवहार, दृष्टिकोण और आदतों पर निर्भर करता है।

मस्तिष्क को शान्त रखने के लिए जब हम भावनाओं पर नियंत्रण करना सीखते हैं तो संसार और उसमें व्याप्त समस्याओं को उनकी वास्तविकता के आधार पर देखना और उसी अनुसार उनसे निपटने की कोशिश करनी चाहिए। क्या क्रोधित होना सचमुच लाभकारी है? यदि हमारा कोई पड़ोसी झगड़ालू है और हमें परेशान करता है तो क्या गुस्सा करने से समस्या का समाधान हो जाएगा। गुस्से और चिड़चिड़ाहट से ऊर्जा नष्ट होती है, मनोदशा खराब होती है और नींद एवं भूख कम हो जाती है। एक तरह से देखें तो इससे पड़ोसी की जीत हो जाएगी। यह मूर्ख आदमी के काम करने का तरीका है क्योंकि इससे खुद को कष्ट होता है। इसके विपरीत, यदि दिमाग को शान्त रखें और जीवन सामान्य ढंग से जिएँ तो शायद हमें ऐसी परिस्थितियों से निपटने का बेहतर विकल्प मिल जाएगा। सच यह है कि परेशान होने पर हमसे कोई काम ठीक से नहीं होता। यहाँ तक हम एक कील भी सीधी नहीं ठोंक सकते।

इसलिए थोड़ा विचार करें तो हम पाएँगे कि अपनी समस्याओं के लिए अन्य लोगों या वस्तुओं को दोष देने की आदत बहुत बड़ी भूल है। हमारी शिकायत कुछ सीमा तक सही हो सकती है लेकिन प्रतिक्रिया-स्वरूप मन में चिड़चिड़ाहट और गुस्से की भावना व्यर्थ है। हम कई बार वास्तविक परिस्थिति से कहीं ज्यादा गुस्सा करते हैं। सोचने से हमें यह भी पता लगेगा कि ऐसे विनाशकारी भाव, बाहरी कारणों की पुनरावृत्ति के कारण नहीं बल्कि हमारी अपनी किसी भावनात्मक आदत के कारण पैदा होते हैं।

जब हम जीवन को इस दृष्टिकोण से देखना शुरू करते हैं तो पता लगता है कि ये विनाशकारी भाव नष्ट हो जाते हैं और हम इनके बारे में जितना अधिक

सोचते हैं ये उतने ही दृढ़ होते जाते हैं। इस तरह की कष्टप्रद भावनाओं से निपटने के लिए जरूरी है कि हम अपनी ही आदतों पर गौर करें। आसपास की दुनिया को दोष देने से बेहतर होगा कि हमें अपने भीतर झाँकना चाहिए।

क्रोध से उत्पन्न समस्या पर चर्चा करते हुए आठवीं शताब्दी के बौद्ध चिन्तक शान्तिदेव भी यही बात कहते हैं। यदि पैरों को काँटों से बचाना है तो दुनिया-भर में चमड़ा बिछाना मूर्खता होगी। इससे कहीं आसान और बेहतर तरीका है कि हम अपने पैरों को ढककर चलें। इसी तरह, दुनिया को बदलने से अच्छा है कि क्रोध शान्त करने के लिए हम अपनी भूल पर विचार करें और स्वयं में बदलाव लाने का प्रयास करें।

क्रोध वास्तव में भीतरी असन्तोष से बढ़ता है। तिब्बती भाषा में इसे यी मी-देवा कहते हैं। हमारी अन्तर्निहित मानसिक असहजता के कारण क्रोध जैसी विनाशकारी भावनाएँ उत्पन्न होती हैं। आन्तरिक असन्तोष का भाव, ईंधन का काम करता है जिस पर क्रोध और वैमनस्य जैसे विनाशकारी भाव निर्भर करते हैं। इससे पहले कि आग तेजी पकड़े, शुरू में ही चिनगारी को बुझा देना चाहिए। उसी तरह नकारात्मक भावनाओं के कारणों को खोजकर उनसे जल्दी निपटना बेहतर होता है। बाद में भावनाओं में वृद्धि हो जाने पर इनसे होनेवाली क्षति को नियंत्रित करना कठिन हो जाता है।

भावनात्मक सजगता

यदि हम विनाशकारी प्रवृत्तियों से प्रभावशाली ढंग से निपटना चाहते हैं तो हमें पहले उन्हें ध्यान से देखना और समझना होगा। ऐसी प्रवृत्तियों से निपटने का अर्थ केवल उन्हें दबाना नहीं होता। हमारी भावनात्मक और मनोवैज्ञानिक आदतें बहुत अन्दर तक बैठी होती हैं और यह कई वर्षों में विकसित होकर हमारे व्यवहार का हिस्सा बन जाती हैं। इसलिए यदि हम इन भावनाओं का ईमानदारी से निवारण नहीं करेंगे बल्कि इन्हें दबा देंगे तो ये आगे चलकर हानि पहुँचा सकती हैं। इन भावनाओं की उपेक्षा करने या इन्हें दबाने से वे भीतर बढ़ती जाती हैं और सतह पर आने से पहले उनकी तीव्रता में वृद्धि हो जाती है। जिस तरह एक उफनती नदी, किनारों को तोड़कर तबाही मचाती है, उसी तरह ऐसे भाव भी आगे चलकर उग्र हो जाते और फिर नकारात्मक व्यवहार

में रूपांतरित हो जाते हैं। ऐसी भावनाओं को दबाने के बजाय हमें ईमानदारी से सजग रहना चाहिए। यह देखना जरूरी है कि ये भाव कैसे उत्पन्न होते हैं, हमें कैसा महसूस होता है और ये किस तरह के व्यवहार से बढ़ते हैं। आत्म-चिन्तन करने से हम भीतर उठते विचारों को समझ सकते हैं। मैं इसी को भावनात्मक सजगता कहता हूँ। सजगता का अभ्यास करना पड़ता है। इसके लिए भावनाओं का सीधे आमना-सामना करके इनका निरीक्षण करना और फिर इन्हें धीरे-धीरे अपने नियंत्रण में लाना होता है।

अपने व्यवहार को शरीर, वचन और कर्म, इन तीनों आयामों के सन्दर्भ में समझना चाहिए। अनुभव और व्यवहार के इन तीनों पक्षों के प्रति सजग रहने से धीरे-धीरे इस भावनात्मक सजगता को विकसित किया जा सकता है। यह हमारे जीवन में नकारात्मक प्रवृत्ति को नियंत्रित करने में सहायक हो सकती है।

सतर्कता

भावनात्मक अनुभव के प्रति सतर्क रहना बहुत लाभकारी होता है। शुरू में इसे प्राप्त करना मुश्किल है। जिस क्षण भावनाएँ उठती हैं, उसी समय उन्हें पहचानना लगभग असम्भव होता है क्योंकि ये अत्यन्त तीव्रता से उत्पन्न होती हैं और हमारी सम्पूर्ण चेतना पर हावी हो जाती हैं। इसलिए वे जिस रूप में प्रस्तुत होती हैं वह हमसे छिपा रहता है। जीवन में परेशानियाँ होना स्वाभाविक है। हमें निराश या हतोत्साहित नहीं होना चाहिए। इसके बजाय, यह याद रखना चाहिए कि यह सजगता, सतत प्रयास और लगनशीलता से विकसित होती है। हम अचानक भावनाओं का सामना नहीं कर सकते, बल्कि हमें अपने व्यवहार पर उनके प्रभाव को समझना चाहिए।

इस सन्दर्भ में यह जानना लाभकारी है कि विनाशकारी भावों का आरम्भ श्रृंखला की भाँति होता है जो किसी बाहरी कारण से शुरू होकर हमारी प्रतिक्रिया पर आकर समाप्त हो जाते हैं। भावनात्मक सजगता का उद्देश्य उस एक क्षण में सतर्कता को अपने भीतर पैदा करना है ताकि हम अचानक उठे भाव पर नियंत्रण प्राप्त कर सकें।

उदाहरण के तौर पर कल्पना कीजिए, एक दरवाजा जोर से बन्द होता है। हमें इस घटना का आभास देखने, सुनने और स्पर्श द्वारा हो सकता है। आरम्भ में यह विशुद्ध रूप से शारीरिक घटना है, जिसका कोई विश्लेषण नहीं किया

जाता। लेकिन क्षण-भर बाद इसकी प्रतिक्रिया आरम्भ होती है। उस स्थिति को बढ़ा-चढ़ाकर देखा जाता है जैसे हमें महसूस हो सकता है कि फलां व्यक्ति ने हमारा अपमान करने के लिए जान-बूझकर दरवाजा जोर से बन्द किया है। इसका विश्लेषण करने से हमारे भीतर एक भावनात्मक प्रतिक्रिया होती है जिससे हमें गुस्सा, खीझ या झल्लाहट हो सकती है। आखिर में, व्यवहारगत प्रतिक्रिया होती है और हम बदले में भला-बुरा कह देते हैं।

यह शृंखला समझ में आ जाए तो फिर इस प्रवाह को रोका जा सकता है। हम मानो स्वयं को स्थिति के मध्य में सँभाल लेते हैं। यह केवल जागरूकता द्वारा सम्भव है। आमतौर पर अन्त से शुरू करना आसान होता है, यानी अपनी भावनात्मक प्रतिक्रिया और व्यवहार की अभिव्यक्ति के बीच से इस प्रक्रिया को शुरू करना अच्छा विकल्प है। इसके बाद हमें प्रक्रिया समझ में आ जाती है और हमारे भीतर धीरे-धीरे भावनात्मक सजगता जागृत होने लगती है। इसके बाद हम उद्देश्य को प्राप्त कर सकते हैं। इससे विनाशकारी भाव पूरी तरह समाप्त हो जाता है।

स्वयं को सँभालना

हमें सबसे पहले अन्दर जागृत हुई किसी भी भावनात्मक प्रतिक्रिया को शारीरिक या मौखिक व्यवहार में परिवर्तित होने से रोकना चाहिए। इसका उद्देश्य स्वयं को सँभालना है ताकि हम नियंत्रण करना सीख जाएँ। मुझे एक तिब्बती कहानी याद आती है। यह बेन गुंग्याल नामक एक भूतपूर्व डाकू की कहानी है जो बाद में आध्यात्मिक गुरु बन गया। एक दिन जब बेन गुंग्याल किसी के घर गया तो मालिक ने उसे घर पर अकेला छोड़ दिया। उसे चोरी की आदत थी। उसका दायाँ हाथ जैसे ही किसी चीज को उठाने के लिए आगे बढ़ा तो उसने स्वयं को रोक लिया और अपने बाएँ हाथ से दायाँ हाथ पकड़ लिया और फिर जोर से चिल्लाया, 'चोर! चोर!'

यदि हम स्वयं को नियंत्रित करना चाहते हैं तो इसके लिए हमें जानना होगा कि विनाशकारी और कष्टप्रद भावनात्मक अनुभव, शारीरिक तौर पर हमें किस तरह प्रभावित करते हैं। उदाहरण के लिए गुस्सा आने पर कैसा महसूस होता है? क्या हृदय की धड़कन में बदलाव आता है? क्या चेहरे पर तनाव उभरता है?

क्या हाथ और कन्धे अकड़ जाते हैं? किसी दृश्य को देखकर हम पर किस तरह की प्रतिक्रिया होती है? क्या हमारी मांसपेशियों में तनाव पैदा होता है? ईर्ष्या और वैमनस्य के भाव उठने पर कैसा महसूस होता है? आपको शायद पेट या सीने में ये भाव उठते हुए महसूस होते हैं।

भावनाओं के शारीरिक रूपांतरण को पहचानते समय हमें इन भावनाओं के प्रति शारीरिक और मानसिक प्रतिक्रिया को भी देखना चाहिए। क्या हम कुछ खास ढंग से व्यवहार करते हैं? क्या हम कुछ अलग ढंग से कहते हैं? क्या हमारे विचार अलग होते हैं? क्या हमारी मुट्ठियाँ बन्द हो जाती हैं? हम चलने लगते हैं या एक जगह खड़े रहते हैं? हमें बेचैनी होती है या गुस्से में हमारी आवाज बदल जाती है? ऐसे में हमारी आवाज तेज हो जाती है। क्या मस्तिष्क में शब्द अधिक तेजी से आने लगते हैं? ऐसे भाव मन में उठने पर हमारे काम या हमारी बातों पर किस तरह का प्रभाव पड़ता है?

इन बातों पर ध्यान देने से हमें अपनी मानसिक अवस्था को समझने में सहायता मिलती है और खुद पर बेहतर नियंत्रण प्राप्त होता है। इन मानसिक अवस्थाओं से स्वयं को अलग करके, उनकी जाँच-पड़ताल करने से हम उन पर नियंत्रण प्राप्त कर सकते हैं।

एक बार इस प्रक्रिया से परिचित होने के बाद आपको अपने व्यवहार और प्रतिक्रिया को नियंत्रित करने में सफलता मिलने लगती है। फिर आप उस श्रृंखला से पीछे हटकर विनाशकारी भाव को विस्फोटक अवस्था तक पहुँचने से रोक सकते हैं। दूसरे शब्दों में, आप उस क्षण खुद को शान्त रखिए। इससे आप सतर्क हो जाएँगे। ऐसा करते हुए आपको गहरी सांस लेनी चाहिए या अपना ध्यान परेशानी से हटा लेना चाहिए अथवा उस परिस्थिति को सकारात्मक ढंग से भी देखना चाहिए। उदाहरण के लिए, उस फिलिस्तीनी युवक के बारे में सोचिए जिसने इज़राइल की चौकियों पर सैनिकों के चेहरों में ईश्वर की छवि देखना सीख लिया था। कई बार वास्तविक स्थिति बुरी होने पर उसके कारणों और परिस्थितियों के सन्दर्भ में घटना को देखने से भी नकारात्मक प्रतिक्रिया कम हो जाती है। विशिष्ट परिस्थिति को अन्य दृष्टिकोण से देखना लाभकारी होता है क्योंकि जो बात आपको एक परिप्रेक्ष्य से दुखद दिखाई पड़ती है, वही किसी अन्य दृष्टिकोण से सकारात्मक नजर आती है।

इस पद्धति के प्रयास द्वारा आप विस्फोटक भाव के जागृत होने से पहले

ही स्वयं को सँभाल सकते हैं। क्रोध, चिड़चिड़ाहट और गुस्से जैसे भाव से परिचित होने पर आपको पता लगता है कि ये भाव कैसे उठते हैं। फिर आप उनके कारणों को भी पहचान सकते हैं और सतर्क रहकर परेशानियों से आसानी से निपट सकते हैं। अभ्यास द्वारा प्रतिक्रिया व्यक्त करने से बचना अन्तिम चरण है जो बहुत मुश्किल होता है। लेकिन अभ्यास से यह धीरे-धीरे किया जा सकता है। उदाहरण के लिए यदि आपके साथ कोई बुरा व्यवहार करे या अपशब्द कहे तो उस बाहरी कारण के प्रति आपकी जागरूकता प्रतिक्रिया देने से रोक देगी। इससे शान्तिपूर्वक ढंग से परिस्थिति से निपटा जा सकता है।

मनोदशा का सवाल

हाल के वर्षों में अमेरिका में कई बार मेरी डॉ. पॉल ऐकमैन से बात हुई है, जो भावनाओं के वैज्ञानिक अध्ययन के क्षेत्र में अग्रदूत हैं। इस अध्ययन को 'भावात्मक तंत्रिका विज्ञान' का नाम दिया गया है। उनके अनुसार हमारे भाव चंचल नहीं होते, बल्कि हमारी मनोदशा हमें नुकसान पहुँचाती है। हमारे भीतर भाव उठकर तेजी से शान्त हो जाते हैं किंतु हमारी मनोदशा लम्बे समय तक बिगड़ी रहती है। इसका कारण यह है कि यह मनोदशा मन के बहुत भीतर तक समा जाती है। हमारा उन भावों पर विशेष ध्यान नहीं जाता इसलिए वे हमारी चेतना के भीतर छिप जाते हैं और उनसे निपटना मुश्किल हो जाता है। डॉ. पॉल का कहना है हम मनोदशा के कारण ही अपनी भावनाओं के शिकार होते हैं। इसीलिए हमें बहुत ध्यान देने की आवश्यकता है। मुझे लगता है यह बहुत जरूरी है।

मेरी समझ से भाव, मनोदशा और व्यक्तिगत गुण एक-दूसरे से जुड़े हैं और ये पंक्ति में साथ चलते हैं। इस कारण इनसे निपटने का मूल तरीका एक-सा ही है। हालाँकि मनोदशा, व्यक्ति के शारीरिक और मानसिक ऊर्जा स्तर पर भी प्रश्न उठाती है। बौद्ध परम्परा में मानसिक प्रशिक्षण के सन्दर्भ में अत्यधिक आलसीपन को रोकने पर जोर दिया जाता है, वहीं दूसरी ओर अत्यधिक उत्साह पर भी रोक की बात की जाती है। इस सलाह पर मैं अध्याय 11 में चर्चा करूँगा। मनोदशा से निपटना थोड़ा मुश्किल हो सकता है। मेरे विचार से हम सबने यह अनुभव किया होगा कि अच्छा समाचार सुनकर हमारी मनोदशा तुरन्त अच्छी हो जाती है। इससे पता लगता है हमारी मनोदशा स्थिर नहीं है और यह जैसी लगती है उतनी

स्थायी नहीं होती। कई बार हमारी मनोदशा, लम्बे समय से भीतर दबे किसी भाव का परिणाम भी हो सकती है। किसी से बात करके या किसी भूल के लिए क्षमा मांगकर या चुटकुला सुनाकर उस भाव को मुक्त किया जा सकता है। ऐसा करते ही आपकी मनोदशा अचानक बदल जाती है। मेरे विचार से मनोदशा से निपटने का सबसे अच्छा तरीका यही है कि हम अपनी अन्तर्निहित भावनाओं से निपटना सीख लें।

इसमें कोई सन्देह नहीं कि अपने भीतर के नकारात्मक भावों से निपटना बहुत चुनौतीपूर्ण होता है। अपने जीवन में प्रतिदिन मुश्किलों का सामना करते हुए हम बहुत आसानी से चिड़चिड़ाहट, गुस्सा और हताशा जैसी नकारात्मक आदतों के शिकार हो सकते हैं, इसलिए हमें लगातार जीवन में आदर्श मूल्यों पर अपने जीवन को जीने का प्रयास लगातार जारी रखना चाहिए।

10

प्रमुख आन्तरिक मूल्यों का विकास

नैतिक अभ्यास के लिए आवश्यक दो तरीकों को एक बार फिर ध्यान से देखते हैं। एक ओर हमें विनाशकारी भावों को रोकना है और दूसरी ओर, अपने भीतर सकारात्मक गुण विकसित करना है। पिछले अध्याय में मैंने विनाशकारी भावनाओं की समस्या पर चर्चा की और बताया किस तरह जागरूकता और नियंत्रण से हम इन भावनाओं द्वारा प्रस्तुत चुनौतियों से निपट सकते हैं। मैं इस अध्याय में इसके दूसरे पक्ष पर चर्चा करूँगा। हमारे भीतर मौजूद सकारात्मक गुणों में सबसे महत्त्वपूर्ण करुणा है। मैंने इस विषय पर पहले भी काफी कुछ कहा है। मैंने न्याय के सन्दर्भ में, क्षमाशीलता के गुण भी बताए थे। मैं यहाँ संक्षेप में कुछ अन्य महत्त्वपूर्ण मानवीय मूल्यों की बात करूँगा : सहनशीलता, धैर्य, सन्तोष, संयम और उदारता।

धैर्य और सहनशीलता

धर्मनिरपेक्ष नीति के सन्दर्भ में विनाशकारी भावनाओं का प्रतिकार जीवन में शायद सबसे महत्त्वपूर्ण बात है। हम तिब्बती लोग इसे अपनी भाषा में *से पा* कहते हैं। आम तौर पर इसका आशय धैर्य से है। लेकिन *से पा* में सहनशीलता और क्षमाशीलता जैसे गुण भी सम्मिलित हैं। इसका वास्तविक अर्थ, 'कष्ट को सहने की क्षमता' है। इसमें मुख्य रूप से यही बताया जाता है कि हमें

परेशानी में नकारात्मक व्यवहार नहीं करना चाहिए। लेकिन *से पा* का आशय निष्क्रिय या दुर्बल होना नहीं है। इसमें यह नहीं कहा जाता कि आप में लड़ने की क्षमता नहीं है इसलिए आपको सहन करना है। इसका अर्थ अन्याय को सहना भी नहीं है। यह कहना बेहतर होगा कि धैर्य के लिए शक्ति की जरूरत होती है। मुख्य रूप से मानसिक अनुशासन पर आधारित नियंत्रण ही इसका मूल है। सहनशीलता के तीन पक्ष हैं : क्षति पहुँचानेवाले लोगों के प्रति सहनशीलता, कष्ट को स्वीकार करने की क्षमता और सत्य को स्वीकार करना।

क्षति पहुँचानेवाले लोगों के प्रति धैर्य

मैंने पहले भी सुझाव दिया है कि दूसरों द्वारा किए दुर्व्यवहार के लिए अन्य कारणों और परिस्थितियों पर विचार करने से दुर्व्यवहार को सहन करने में सहायता मिलती है। जब लोग हमें हानि पहुँचाते हैं तो हमें यह सोचना चाहिए कि ऐसे व्यवहार के पीछे बहुत-से कारण होते हैं। कोई हमसे नाराज होता है या हमारा अपमान करता है तो हमें उसके क्रोधपूर्ण या अपमानजनक व्यवहार का कारण सोचना चाहिए। सम्भावना यही है कि उनका व्यवहार उनकी अपनी किसी समस्या के कारण होता है। इस बात को समझ लेने से हमें प्रतिशोध की भावना को नियंत्रण में रखने में सहायता मिलती है।

यह भी ध्यान रखना चाहिए कि कोई व्यक्ति गुस्सा नहीं करना चाहता। क्या हम सचमुच गुस्सा करना चाहते हैं? नहीं! हम ऐसा नहीं चाहते। गुस्सा अपने आप आता है। जैसे बीमार पड़ना अपने हाथ में नहीं इसी तरह हम क्रोध भी पैदा नहीं करते। यह भी ध्यान में रखना चाहिए कि हमें चोट पहुँचानेवाले लोग भी हमारी तरह इनसान हैं और वे भी जीवन में खुशी तथा कष्ट से दूर रहना चाहते हैं। यह ध्यान में रखना चाहिए कि वे भी करुणा और दया के पात्र हैं। इसलिए वैमनस्य की अपेक्षा दयापूर्ण व्यवहार बेहतर प्रत्युत्तर होता है।

सहनशीलता के इस अभ्यास के दौरान कार्य और कर्ता के बीच में अन्तर करना और उस अन्तर को समझना जरूरी है। जहाँ एक ओर दुर्व्यवहार का कड़ाई से विरोध होना चाहिए, वहीं कर्ता के प्रति दया और करुणा का भाव रखना भी आवश्यक है।

कष्ट की स्वीकृति के माध्यम से धैर्य

धैर्य और सहनशीलता के अभ्यास का एक आवश्यक आयाम, जीवन में आनेवाले कष्ट और परेशानियों को स्वीकार करना है। धैर्य द्वारा जीवन की सचाई को स्वीकार करने का सही दृष्टिकोण विकसित होता है। कष्ट से भागने या जीवन को आसान बनाने के तरीके खोजने से कष्ट और बढ़ जाता है। इससे मेरा आशय यह नहीं है कि कष्ट, व्यक्ति के लिए अच्छा होता है। मैं सिर्फ यह कहना चाहता हूँ कि कष्ट को स्वीकार करने से जीवन आसान हो जाता है।

मैंने दुनिया-भर में घूमकर पाया है कि कम विकसित देशों में यद्यपि भौतिक स्तर पर जीवन कठिन है, लेकिन वहाँ के लोग, समृद्ध और विकसित देशों की तुलना में ज्यादा सन्तुष्ट हैं और उनका जीवन अधिक आसान है। प्रगतिशील समाज की भौतिक समृद्धि के पीछे गहरा असन्तोष और तनाव होता है। मैंने पाया कि गरीब देशों के लोग ज्यादा खुश और सन्तुष्ट होते हैं। इसका क्या कारण हो सकता है? मेरे विचार से मुश्किलों के दौरान हमारे भीतर सहनशीलता और धैर्य स्वत: विकसित हो जाता है जो हमें भीतर से मजबूत और दृढ़ बना देता है। हमारे अन्दर कठिनाइयों को स्वीकार करने की क्षमता बढ़ जाती है और फिर भी मन शान्त रहता है। मैंने यही बात अपनी पीढ़ी के बहुत से यूरोपीय दोस्तों में देखी है। उन्होंने द्वितीय विश्व-युद्ध की मुश्किलों को झेला है, उनके भीतर अधिक सहनशीलता और चारित्रिक दृढ़ता है। युवा पीढ़ी ने ऐसी परेशानियाँ सहन नहीं की हैं। मित्रों और परिवारजनों को खो देना, अनिश्चितता का जीवन और कम संसाधनों के साथ जीवन व्यतीत करने से हमारी पीढ़ी अधिक मजबूत बनी है। उनके लिए जीवन में विनोद खोए बिना कष्ट को सहना आसान हो गया है। मैं परेशानियों के पक्ष में नहीं हूँ लेकिन मेरे कहने का आशय सिर्फ इतना है कि कठिनाइयों और उनके लाभ को समझने का सकारात्मक प्रयास करने से शक्ति और सामर्थ्य पैदा होता है।

हमें अपनी दैनिक कष्टों से कैसे निपटना चाहिए? मैं एक बार फिर आठवीं शताब्दी के भारतीय चिन्तक शान्तिदेव की सलाह पर निर्भर करता हूँ:

यदि समस्या का हल है,
तो निराश होने की क्या आवश्यकता है?
यदि समस्या का हल नहीं है,

तो निराश होने से क्या लाभ होगा?

मैं इस पद्धति को समस्या से निपटने हेतु 'आवश्यकता नहीं, लाभ नहीं' तकनीक कहता हूँ। यदि समस्या का हल है तो हमारे लिए चिन्ता की कोई बात नहीं है। हमें सीधे हल तक पहुँचना चाहिए। यदि बहुत विचार करने के बाद भी हमें लगता है कि हल नहीं निकलेगा तो फिर परेशान होने से हमें कुछ हासिल नहीं होनेवाला है। इसके बजाय, हम समस्या को जितनी जल्दी स्वीकार कर लेंगे हमारे लिए अपने जीवन को जीना उतना ही आसान हो जाएगा। दोनों तरीकों से देखें तो चिन्ता से कोई लाभ नहीं होता! चिन्ता हमें कमजोर बनाती है। कई बार इसकी वजह से लोग उदासी (डिप्रेशन) का शिकार हो जाते हैं।

मैं यह नहीं कहना चाहता कि हमें कष्ट के सामने समर्पण कर देना चाहिए। कष्ट को स्वीकार करना और उसके सामने समर्पण करना दो अलग बातें हैं। कष्ट से होनेवाली क्षति से निपटने का यही पहला कदम है। कठिनाई को स्वीकार करने पर हमें समझ में आता है कि वह पूरी तरह नकारात्मक नहीं है। कष्ट एक शक्तिशाली बल है जो हमें दूसरों के साथ सहानुभूति और करुणा के साथ जीना सिखाता है। इससे भी महत्त्वपूर्ण यह है कि कष्ट से हमें दूसरों के साथ अपने सम्बन्धों की पहचान होती है। इसी से हम कष्टों पर विजय प्राप्त कर सकते हैं। यही नहीं, हमें आनेवाली चुनौतियों के लिए हिम्मत और शक्ति भी प्राप्त होती है।

व्यक्तिगत कष्ट हमारे भीतर आध्यात्मिक विकास के उत्प्रेरक का काम करता है। हमें भीतर से मजबूत बनाने के अतिरिक्त यह विनम्रता पैदा करता है और सचाई को समझने का मौका देता है। विश्व की धार्मिक परम्पराओं ने कष्ट के प्रभाव को माना है। मैंने स्वयं भी इसे जीवन में महसूस किया है। मुझे सन्देह नहीं कि निर्वासन के अनुभव ने मुझे जीवन की गहरी समझ प्रदान की है और मुझे यह आभास तिब्बत में किसी देश के शासक के रूप में रहते हुए प्राप्त नहीं हो सकता था।

सत्य के बोध द्वारा धैर्य

हमें धैर्य के अभ्यास के तीसरे आयाम में उन परिस्थितियाँ का सामना करना सीखना है जिन्हें स्वीकार करना मुश्किल होता है। इनमें वृद्धावस्था और मृत्यु प्रमुख हैं।

इन विषयों पर चर्चा करना बुरा समझा जाता है क्योंकि बहुत से लोग इन विषयों पर बात नहीं करना चाहते। यही बात समृद्ध समाज में देखने को मिलती है जहाँ उपभोक्तावाद ने युवाओं की संस्कृति को बढ़ावा दिया है। इसके बावजूद इन विषयों पर विचार करने से हमारे भीतर सुधार हो सकता है। वृद्धावस्था, मृत्यु तथा जीवन में उनकी भूमिका की अनिवार्यता पर गहराई से विचार करने पर जीवन की सचाई के प्रति सहनशीलता का भाव विकसित होता है अन्यथा यह दुख एवं हताशा का कारण बन सकती है।

मैं पहले भी कह चुका हूँ कि हर घटना के कई कारण होते हैं लेकिन इनमें से केवल हमारा कर्म कारण बनता है। हर परिस्थिति की अनेक पक्ष होते हैं इसलिए जीवन में जब कभी निराशा का समय आता है, जैसे मनमाफिक नौकरी न मिलना, तो हमें ध्यान रखना चाहिए कि जिस निर्णय से हमें दुख या निराशा हुई, उसी निर्णय से किसी अन्य अधिक जरूरतमन्द व्यक्ति को लाभ मिला होगा। हालाँकि यह विचार इतना आसान नहीं है लेकिन फिर भी ऐसा सोचने से दूसरों के अच्छे भाग्य पर खुश होने का भाव विकसित होता है। इससे हमारा ध्यान स्वयं से हट जाता है, जिससे समस्या कम कष्टदायक लगती है।

धैर्य से अनेक लाभ होते हैं। धैर्य का अभ्यास करने से शान्ति मिलती है और हमें कठिन परिस्थितियों में विवेक से काम लेने का मौका मिलता है। हमें स्वयं पर बेहतर नियंत्रण प्राप्त होता है। धैर्य के लगातार अभ्यास से हम जीवन के उतार-चढ़ाव से निपटना सीखते हैं। धैर्य एक ऐसा गुण है जिसकी दूसरे लोग भी प्रशंसा करते हैं। धैर्य द्वारा हम स्वाभाविक तौर से दूसरों के लिए आकर्षण का केन्द्र बन जाते हैं और लोग हमारी उपस्थिति में अच्छा महसूस करते हैं। सबसे महत्त्वपूर्ण बात यह है कि धैर्य हमें क्रोध और चिड़चिड़ाहट जैसे नकारात्मक भावों का प्रतिकार करने में समर्थ बनाता है।

सन्तोष

मैं अपनी आरम्भिक यात्राओं में पश्चिमी देशों में कई बार खरीदारी करने मॉल में जाता था। उन दिनों भारत में मॉल नहीं होते थे। हमारे जैसे तिब्बतियों को बढ़िया दुकानें और सामान देखना प्रभावशाली लगता था। मुझे बचपन से मशीनी चीजों जैसे घड़ियों आदि का शौक था। इसलिए मुझे दुकानों पर रखा ऐसा सामान

आकर्षित करता था। उन्हें देखकर मैं सोचता कि 'मुझे यह पसन्द है, मुझे वह पसन्द है' पर फिर मैं खुद से पूछता था, 'क्या मुझे सचमुच इसकी आवश्यकता है?' अधिकतर मौकों पर इसका उत्तर 'नहीं' होता था। तब मुझे पता लगा कि मेरे दिमाग में ऐसे विचार लालच के कारण आ रहे थे लेकिन मैंने जैसे ही चिन्तन किया और चीजों को सही परिप्रेक्ष्य में देखा तो महसूस हुआ कि मुझे उन चीजों की आवश्यकता नहीं है। जीवन में सन्तोष का यही अर्थ है।

सन्तोष को अधिक महत्त्व देने से कई बार दुविधा हो जाती है। कोई कह सकता है कि सन्तोष अपने आप में नीतिगत मूल्य नहीं है क्योंकि इससे दूसरों का नहीं अपितु हमारा अपना लाभ होता है। लेकिन क्या हमें दूसरों के प्रति करुणा और सहानुभूति रखने से सन्तोष नहीं मिलता? यदि ऐसा है, तो इसे नीतिगत मूल्य के तौर पर किस तरह पोषित किया जा सकता है? लोग यह भी कह सकते हैं कि सन्तोष का अभ्यास नहीं किया जाता, बल्कि इसे प्राप्त करना पड़ता है।

मैं सन्तोष के सन्दर्भ में केवल आनन्द की सामान्य अवस्था के विषय में नहीं बोल रहा हूँ बल्कि मैं सन्तोष की विशिष्ट अवधारणा के बारे में बता रहा हूँ, जिसे हम अपनी भाषा में चोग्शे कहते हैं। मैं इस शब्द का अंग्रेजी समतुल्य नहीं जानता। मुझे पश्चिमी भाषा में भी इसके लिए शब्द पता नहीं है। यह सामान्य तौर पर सन्तोष के लिए ही प्रयोग किया जाता है इसलिए मैं यही शब्द इस्तेमाल करता हूँ। यद्यपि चोग्शे का वास्तविक अर्थ 'लालच का अभाव' है, शाब्दिक तौर पर देखें तो इसका अर्थ पर्याप्त ज्ञान होना अथवा यह समझ लेना है कि सन्तुष्टि कब मिलती है। इसका वास्तविक अर्थ बिना किसी वस्तु की अधिक किए सन्तोष प्राप्त करना है।

इस दृष्टिकोण से देखें तो सन्तोष चर्चा का विषय है। यह महत्त्वाकांक्षा में कमी या कहें कि इच्छाओं को सीमित करने का भाव व्यक्त करता है। कम इच्छाओं के साथ जीने से हम असुरक्षा के भाव से मुक्त हो जाते हैं। यही असुरक्षा हमें इच्छा करने और अभाव की स्थिति में ले जाती है। सन्तोष द्वारा हम ऐसी अवस्था में पहुँच सकते हैं जहाँ हमें यह विश्वास हो जाता है कि हम आदर्श मूल्यों पर चल रहे हैं। इच्छाओं और आवश्यकताओं को सीमित करके हम असन्तोष से जनित कष्ट से बच जाते हैं।

तिब्बती भाषा में एक कहावत है कि किसी दुखी, अमीर व्यक्ति के दरवाजे पर एक सन्तुष्ट भिखारी सोता है। मैं यह नहीं कहना चाहता कि गरीबी अच्छी

चीज है लेकिन हमें खुशी पैसे से नहीं बल्कि इच्छाओं को सीमित करने और उन सीमाओं में रहने से मिलती है।

मुझे लगता है कि वैश्विक उपभोक्तावाद से ग्रस्त आज की भौतिक दुनिया में सन्तोष बहुत जरूरी है। आज का समाज लोगों पर आवश्यकताएँ पूरी हो जाने के बाद भी अधिक इच्छा और खर्च करने का दबाव बनाए रखता है। आजकल विज्ञापन इतने परिष्कृत होते हैं कि वे आपकी कल्पना को उत्तेजित करके आपके मन में यह भाव भर देते हैं कि भौतिक चीजों से खुशी मिल सकती है और यदि आधुनिक गैजेट और फैशन की वस्तुएँ नहीं हैं तो हमारे जीवन में एक बड़ा अभाव है। इसलिए अवास्तविक इच्छाओं से पैदा असन्तोष के भाव से बचने के लिए जीवन में सहजता और सन्तोष आवश्यक हैं।

अपनी इच्छाओं को सीमित रखना और सीमा में जीना केवल हमारे ही हित में नहीं, बल्कि जीवन की चुनौतियों पर काबू पाने के लिए बहुत जरूरी है। पृथ्वी के भौतिक संसाधन सीमित हैं और विश्व की जनसंख्या तेजी से बढ़ रही है। विकासशील देश भी आज विकसित देशों जैसे सुख-सुविधाएँ चाहते हैं। वे इस चीजों को अपना अधिकार मानते हैं। इससे लगता है हमारा मौजूदा मार्ग सही नहीं है। प्राकृतिक शक्तियाँ, पृथ्वी के पर्यावरणीय सन्तुलन को बनाए रखने के लिए कड़ा प्रयास करती हैं। इसके बावजूद वन, समुद्र और अन्य प्राकृतिक संसाधनों पर मनुष्य का अतिक्रमण बढ़ता जा रहा है और ये संसाधन नष्ट हो रहे हैं। मेरे अपने ही जीवनकाल में अनेक पशुओं और पौधों की प्रजातियाँ लुप्त हो चुकी हैं। हमें यह समझना होगा कि हम जिस आधुनिक जीवन और सुविधाजनक जीवनशैली की इच्छा करते हैं, उसकी भारी कीमत चुकानी पड़ती है।

हम हाल के आर्थिक संकट को देखते हुए सन्तोष के महत्त्व को भली-भाँति समझ सकते हैं। इस संकट के परिणाम दुनियाभर में देखने को मिल रहे हैं। आर्थिक संस्थाओं के नियंत्रण और प्रबन्धन में असफलता के लिए नेताओं को दोष देना आसान है। लेकिन इस आर्थिक संकट का कारण लालच है जो उचित प्रबन्धन और लाभ के लिए लगातार मची होड़ का परिणाम है। मुझे इटली के एक व्यापारी ने समझाया था कि पूरी दुनिया में अनुमान लगाने की परम्परा बहुत ज्यादा है। अनुमान शब्द बताता है कि हमें चीजों का पूरा ज्ञान नहीं है। इस मामले में आवश्यक सावधानी और विनम्रता का अभाव था। यहाँ समस्या अहंकार और दूरदर्शिता के अभाव की थी। यह मामला पारदर्शिता की कमी का भी है जिसके

कारण बेईमानी और छल-कपट बढ़ रहा है। इनमें कोई कारण ऐसा नहीं है जो रोका नहीं जा सकता। ये सब नीतिगत कमियाँ है जिनमें लालच प्रमुख है। इनका एकमात्र प्रभावशाली समाधान सरलता और सन्तोष है।

मैं सरलता और विनम्रता के लाभ पर बोलते समय गरीबी का पक्ष नहीं रख रहा हूँ। मैं कहना चाहता हूँ कि गरीबी सचमुच बड़ी परेशानी है और इसे समाप्त करने के लिए हम सबको प्रयास करना चाहिए। गरीबी लोगों को दुर्बल बनाती है, उन्हें दमित और हतोत्साहित करती है। इससे मानसिक तनाव होता है और यह लोगों से आर्थिक सुधार की सम्भावनाएँ और अवसर भी छीन लेती है। गरीबी से लोगों को कष्ट होता है लेकिन हम जितना जल्दी यह स्वीकार कर लेंगे कि केवल अमीरी से खुशी नहीं मिलती, उतना ही जल्दी हमें विनम्रता और सरलता के साथ जीना आ जाएगा।

समय और भूगोल की सीमाओं के कारण किसी व्यक्ति द्वारा जीवन काल में अधिक से अधिक कमाए जानेवाले धन की सीमा होती है। इस सन्दर्भ में समझदारी यह है कि व्यक्ति सन्तोष द्वारा अपनी सीमा स्वयं तय कर ले। इसके विपरीत मानसिक समृद्धि की सम्भावनाएँ अनंत हैं। इसमें कोई सीमा नहीं है और इस कार्य में सन्तोष नहीं करना चाहिए, बल्कि इसे अधिक से अधिक प्राप्त करने की चेष्टा करनी चाहिए। दुर्भाग्य से, अधिकांश लोग इसके विपरीत करते हैं। हम भौतिक उपलब्धियों से सन्तुष्ट नहीं होते लेकिन मानसिक समृद्धि को लेकर अत्यन्त सन्तोषपूर्वक जीवन व्यतीत कर देते हैं।

आत्मानुशासन

आत्मानुशासन का गुण सन्तोष के साथ नजदीकी से जुड़ा है। वास्तव में सन्तोष से पहले अन्य आन्तरिक मूल्यों के सन्दर्भ में थोड़ा आत्मानुशासन आवश्यक है।

अनुशासन के विषय में महत्त्वपूर्ण बात यह है कि यह स्वेच्छा से किया जाता है। यदि अनुशासन बाहर से आपके ऊपर आरोपित है तो वह कम प्रभावशाली होता है और लाभ की जगह कई बार हानि की आशंका रहती है। यदि किसी बाहरी प्राधिकार अथवा सांस्कृतिक या धार्मिक परम्पराओं के कारण अनुशासन लागू होता है तो मन में उत्साह की भावना कम हो जाती है। इसके परिणामस्वरूप, व्यक्ति में भीतरी परिवर्तन की सम्भावना कम हो जाती है।

दूसरी ओर, हम यदि अनुशासन स्वेच्छा से अपने ऊपर लागू करें और इसके लाभ को समझते हुए बुरी से बचकर चलें तो हम अधिक कृतसंकल्प होकर इसका पालन कर सकते हैं। ऐसा करने से आत्मानुशासन की भावना अधिक प्रगाढ़ और दृढ़ हो जाती है।

हमें आत्मानुशासन को स्वेच्छा से विकसित करने के लिए इसके लाभ पर विचार करना होगा और यह लाभ केवल अपने लिए नहीं, बल्कि सम्पूर्ण मानव जाति के सन्दर्भ में देखना चाहिए। ऐसा करने से प्रेरणा और दृढ़ संकल्प को कायम करने हेतु उत्साह पैदा होता है।

सबसे पहले हमें किसी इच्छा या बुरी आदत के सामने समर्पण करने से शारीरिक तौर पर होनेवाली क्षति को समझना चाहिए। हमें बुरी आदतों द्वारा दूसरों को होनेवाली हानि के बारे में भी सोचना चाहिए। यह सोचना आसान है कि हमारा व्यक्तिगत व्यवहार या हमारी आदतें दूसरों को प्रभावित नहीं करतीं परन्तु ऐसा नहीं होता। उदाहरण के लिए, यदि परिवार का कोई सदस्य नशे का आदी है तो परिवार के अन्य सदस्य शारीरिक या मानसिक स्तर पर नशे से प्रभावित तो नहीं होंगे परन्तु ऐसा नहीं है कि उन्हें कोई नुकसान नहीं होगा। वे अवश्य अपने परिवार के प्रभावित सदस्य को लेकर चिन्तित और परेशान होंगे। उन्हें कष्ट और अन्य जटिलताओं से भी निपटना मुश्किल होगा। इसलिए जब हम आत्मानुशासन की कमी और अपनी व्यक्तिगत आदतों से होनेवाले नुकसान पर विचार करते हैं तो हमें उन उन लोगों के बारे में भी सोचना चाहिए जो हमसे जुड़े हैं और जिनका कल्याण हमारे अपने कल्याण से जुड़ा है।

अनुशासन की कमी से होनेवाली क्षति को सामाजिक स्तर पर भी समझने की आवश्यकता है। मेरे विचार से विश्व के सभी हिस्सों में मौजूद भ्रष्टाचार की समस्या और कुछ नहीं, बल्कि आत्मानुशासन की कमी का प्रभाव है। भ्रष्टाचार का वास्तविक अर्थ, पक्षपात और बेईमानी के समक्ष समर्पण करना है। अच्छी और चुस्त कानून व्यवस्था भी कई बार भ्रष्टाचार-ग्रस्त तंत्र को ठीक करने में असमर्थ हो जाती है।

आत्मानुशासन की कमी के नकारात्मक प्रभाव समझ में आने पर हम धीरे-धीरे जीवन में इच्छाओं पर नियंत्रण करना भी सीख सकते हैं। लगातार अभ्यास द्वारा आत्मानुशासन, जीवन में स्वत: आ जाता है और हमें उसके लिए

अलग से प्रयास नहीं करना पड़ता। ऐसी स्थिति में नियंत्रण और ईमानदारी हमारे स्वभाव का हिस्सा बन जाते हैं तो फिर हमें स्वयं पर नियंत्रण द्वारा प्राप्त स्वतंत्रता का बेहतर एहसास होता है। आत्मानुशासन के गुण की विश्व के सभी प्रमुख धर्म प्रशंसा करते हैं। उदाहरण के लिए इस्लाम में 'सब्र' यानी संयम, धैर्य और सहनशीलता आदि पर विशेष जोर दिया जाता है। इस गुण के धारक ईश्वर का प्यारा माना जाता है।

हमें शरीर, वचन और मन के स्तर पर आत्मानुशासन द्वारा विनाशकारी भावनाओं को पूरी तरह नियंत्रित करके आन्तरिक ऊहापोह की स्थिति से छुटकारा मिल जाता है और हमें अपने व्यवहार को आदर्श एवं वास्तविक स्थिति के बीच सन्तुलित करना आ जाता है। इस ऊहापोह की जगह धीरे-धीरे आत्मविश्वास और निष्ठा ले लेती है जो कि सबके लिए वांछनीय गुण हैं।

उदारता

उदारता के विषय में अधिक कहने की आवश्यकता नहीं है। यह करुणा और स्नेहपूर्ण व्यवहार की अभिव्यक्ति है। यह स्वाभाविक है कि जब कोई व्यक्ति दूसरों का कष्ट दूर करने और उनके जनकल्याण के विषय में सोचता है तो उसके आचरण में उदारता स्वत: आ जाती है।

यह समझना जरूरी है कि उदारता का अर्थ केवल भौतिक सन्दर्भ में नहीं है। मेरा आशय हृदय की उदारता से है। इसी से नजदीकी से जुड़ा एक और गुण है : क्षमाशीलता। हृदय की उदारता के बिना व्यक्ति के लिए क्षमाशील होना असम्भव है।

बौद्ध ग्रंथों में उदारता का चार तरह से वर्णन मिलता है : पहला, भौतिक वस्तुओं का दान; दूसरा, भय से मुक्ति का दान, अर्थात् दूसरों को सुरक्षा देना और उनके साथ ईमानदारी का व्यवहार करना; तीसरा, आध्यात्मिक परामर्श का दान, अर्थात् मनोवैज्ञानिक और भावनात्मक कल्याण में दूसरों की सहायता करना; चौथा, प्रेम का दान।

शुरू में एक जरूरी बात ध्यान में रखने योग्य है कि इन चारों में से किसी का भी उद्देश्य दूसरे पर कृपा करना नहीं है। यदि इसके पीछे अपना हित छिपा होगा तो उसे हम सच्ची उदारता नहीं कह सकते।

बौद्ध ग्रंथ विवेक की आवश्यकता पर भी जोर देते हैं क्योंकि उदारता के साथ विवेक भी चाहिए। उदाहरण के लिए, उदारता के पीछे की प्रेरणा की बात करते हुए कुछ विशिष्ट सन्दर्भों का भी ध्यान रखना होता है। किसी को गलत अनुपात में या गलत समय पर दान देने से लाभ की जगह हानि की आशंका होती है। कुछ ऐसी वस्तुएँ हैं जैसे विष या हथियार, जिन्हें अनुचित समझा जाता है। इसलिए यदि हम किसी को ऐसी वस्तु देते हैं जिससे उसको हानि हो सकती है तो करुणा का सिद्धान्त कहता है कि हमें ऐसे दान से बचना चाहिए। इसके अतिरिक्त बौद्ध ग्रंथ इस बात पर भी बल देते हैं कि हमें किसी को दान अपनी श्रेष्ठता सिद्ध करने के लिए नहीं, अपितु उसके प्रति आदर की भावना से करना चाहिए। दाता की उदारता की भाँति ग्रहण करनेवाले की प्रतिष्ठा का मान भी जरूरी है। मुझे लगता है इन बातों का ध्यान रखना बहुत महत्त्वपूर्ण और लाभकारी है।

परमार्थ हेतु दान एवं समाज-सेवा

मैंने कुछ वर्ष पूर्व समाज-सेवा के विषय पर न्यूयॉर्क में एक रोचक परिचर्चा में हिस्सा लिया था। जहाँ तक परमार्थ हेतु दान का प्रश्न है, मेरे विचार से इस काम के लिए स्वास्थ्य और शिक्षा सबसे आवश्यक क्षेत्र हैं। अच्छा स्वास्थ्य मनुष्य की प्रतिष्ठा और कल्याण के लिए जरूरी है। लेकिन आज दुनिया की बहुत सी जगहों पर आधुनिक स्वास्थ्य के लिए आवश्यक संसाधन उपलब्ध नहीं हैं। शिक्षा द्वारा लोग कला सीख सकते हैं और संसाधनों का प्रयोग लोगों को गरीबी से बचा सकता है।

अब्राहमवादी धर्म में परमार्थ हेतु दान पर काफी बल दिया जाता है। इसमें जरूरतमन्द व्यक्ति को देना महत्त्वपूर्ण धार्मिक आवश्यकता समझी जाती है। मैं विकासशील देशों में ईसाई संस्थाओं द्वारा किए जा रहे परमार्थ कार्य से बहुत प्रभावित हूँ। हम तिब्बती लोगों को निर्वासन के कठिन समय में इस उदारता का सीधा लाभ मिला है। इस्लाम में 'जकात' या दान को पांच में से एक आवश्यक स्तम्भ माना जाता है जिसका पालन प्रत्येक धार्मिक व्यक्ति को करना चाहिए। यहूदी धर्म में भी दान को महत्त्वपूर्ण धार्मिक गतिविधि का दर्जा प्राप्त है।

परमार्थ हेतु दिए दान से केवल लेनेवाले को लाभ नहीं होता बल्कि दान देनेवाले को भी यह सन्तोष प्रदान करता है क्योंकि दाता द्वारा दिए दान से अनेक जरूरतमन्द लोगों की आवश्यकताएँ पूरी होती हैं।

यदि अमीर व्यक्ति अपने धन का सदुपयोग नहीं करता तो उसे अपनी अतिरिक्त दौलत से विशेष लाभ नहीं होता। अरबपति व्यक्ति का भी पेट भी सामान्य व्यक्ति जितना होता है और उसके लिए घरों की संख्या भी सीमित होती है। एक अवस्था के बाद आदमी के जीवन में बहुत अधिक सुख-सुविधाओं का विशेष महत्त्व नहीं रहता। अन्त में, धन-समृद्धि कागजों पर केवल आंकड़े बनकर रह जाती है। इसलिए हमें नैतिक सिद्धान्तों का ध्यान रखना और उचित जीवनशैली का पालन करना चाहिए। संसार की गरीबी को देखते हुए अधिक समृद्ध जीवनशैली भी समस्या का कारण बन सकती है। यह ऐसा ही है जैसे किसी भूख से मरते भिखारी के सामने आवश्यकता से अधिक भोजन लेकर बैठना।

सौभाग्य से आज ऐसे अनेक लोग हैं जो जन-सेवा करते हैं। उन्होंने दुनिया-भर में जरूरतमन्दों और गरीब लोगों के साथ अपनी दौलत बाँटी है। स्वास्थ्य और शिक्षा के क्षेत्र में ऐसे कई लोग हैं। मैं पहले भी बिल और मेलिंडा गेट्स का नाम ले चुका हूँ जिन्होंने जन-सेवा द्वारा बहुत लोगों का कल्याण किया है। मैं प्रमिला उम्मीदवार जैसे लोगों के कार्य से भी परिचित हूँ जो अपने धन का एक बड़ा हिस्सा दूसरों की मदद के लिए उपयोग करते हैं। मैं ऐसे लोगों से मिलता हूँ तो उनकी उदारता की सदा प्रशंसा करता हूँ। मैं एक बार फिर अपील करना चाहता हूँ कि जो लोग समृद्ध हैं, उन्हें अपने संसाधनों का बेहतर इस्तेमाल करके उन्हें जन-कल्याण में लगाना चाहिए।

ऐसा नहीं है कि केवल धनाढ्य लोगों को ही दान को गम्भीरता से लेना चाहिए। जिनकी आय सीमित है, उन्हें भी थोड़ा उदार बनना और लोगों की सहायता करने का प्रयास करना चाहिए। इसी से सच्ची खुशी और सन्तुष्टि मिलती है। यद्यपि भौतिक वस्तुओं का दान भी एक तरह की उदारता है, लेकिन व्यवहार की उदारता बहुत आवश्यक होती है। किसी के साथ दया का भाव रखना, उसकी बात सुनना, उसके प्रति ईमानदार रहना तथा आवश्यकता पड़ने पर उसकी प्रशंसा करना, उसे सुख-सुविधाएँ देना आदि भी उदारता के विभिन्न रूप हैं। इसके लिए हमें भौतिक रूप से अधिक समृद्ध होने की आवश्यकता नहीं है।

दान से प्राप्त होनेवाली खुशी

मेरे विचार से व्यक्ति को उदारता के अभ्यास में प्रसन्नता महसूस करनी चाहिए। भारतीय परम्परा में उदारवादी कार्यों को परोपकार से जोड़कर देखा जाता है। ऐसा करने से यह सुनिश्चित होता है कि उदारता आँख बन्द करके या पक्षपातपूर्ण ढंग से नहीं, अपितु मानव-कल्याण हेतु की जा रही है। समर्पण की परम्परा के चलते दान देनेवाले के मन में खुशी होती है क्योंकि इससे भविष्य में दया और परोपकार के कार्य करने के लिए प्रेरणा मिलती है।

दान की सबसे अच्छी बात यह है कि इससे केवल लेनेवाले को ही नहीं, बल्कि देनेवाले को भी लाभ होता है। व्यक्ति जितना अधिक दान करता है, उसे उतना ही अधिक आनन्द प्राप्त होता है।

11

ध्यान द्वारा मानसिक विकास

हमने इस बात पर विस्तार से चर्चा कर ली है कि अपने व्यक्तिगत अभ्यास के सन्दर्भ में अध्यात्म और नीतिगत जीवनशैली का क्या अर्थ होता है। हमने सतर्कता और सजगता के साथ दैनिक जीवन में जागरूकता लाने और भावनाओं को नियंत्रित करने के लिए अधिक जागरूकता पैदा करने के कुछ तरीकों पर भी चर्चा की। हमने आन्तरिक मूल्यों को सक्रिय रूप से विकसित करने के कुछ तरीके देखे हैं। ये सभी अभ्यास, विशेषकर अन्तिम दोनों, मस्तिष्क के अनुशासन पर जोर देते हैं, इसलिए इस अन्तिम अध्याय में मस्तिष्क के अनुशासन को विकसित करने के बारे में कुछ कहना चाहता हूँ। अनुशासन का मेरे अपने दैनिक जीवन में भी बहुत महत्त्व है और मैं इसके बिना नहीं रह सकता। मुझे जहाँ एक ओर दूसरों के कल्याण हेतु व्यवहार में इससे सहायता मिलती है, वहीं दूसरी ओर यह उन विनाशकारी भावनाओं को नियंत्रित रखने में भी मेरी सहायता करता है जिनका हम सबको प्रतिदिन सामना करना पड़ता है। इसके लिए मस्तिष्क शान्त होना चाहिए।

मानसिक अभ्यास से मेरा आशय मस्तिष्क के अनुशासन से है जिसमें हम किसी विशिष्ट वस्तु या विषय के साथ परिचित होते हैं। यहाँ मैं संस्कृत शब्द 'भाव' की बात कर रहा हूँ, तिब्बती भाषा में जिसका अभिप्राय *गोम* शब्द से है। यह 'परिचय' को दर्शाता है। इन दोनों शब्दों का यदि अंग्रेजी में अनुवाद किया जाए तो हम उसे *ध्यान* कह सकते हैं जिसमें सब तरह के मानसिक

अभ्यास शामिल हैं। ये दोनों मूल शब्द परिचय की प्रक्रिया को दर्शाते हैं, चाहे वह कोई आदत हो या देखने का तरीका अथवा जीवन-शैली।

बदलाव की प्रक्रिया

यह मानसिक प्रक्रिया किस तरह आध्यात्मिक और भीतरी बदलाव की प्रक्रिया बनती है? हमें बोध के तीन स्तर देखने होंगे जो हमारे मानसिक रूपांतरण के सिद्धान्त हैं। ये सिद्धान्त हैं : सुन या समझकर सीखना, चिन्तन द्वारा सीखना और विचारात्मक अनुभव द्वारा सीखना। उदाहरण के लिए, उन लोगों के विषय में सोचिए जो संसार की अन्तर-सम्बन्धित प्रकृति को समझने की कोशिश कर रहे हैं। वे पहले किसी को इस विषय पर बोलता सुनकर या इसके बारे में पढ़कर सीखने की कोशिश करते हैं। लेकिन जब तक पढ़ी या सुनी बात पर विचार नहीं किया जाता तब तक समझ-बूझ केवल सतह पर रहती है। उन्हें शब्दों का असली आशय समझ में नहीं आता। इस स्तर पर तथ्य के विषय में उनकी समझ सूचना तक सीमित है। यद्यपि जब वे निष्कर्ष पर गहराई और सजगता से विश्लेषण करते हैं तो उनके भीतर बेहतर और गहरी समझ पैदा होती है। यह बोध की प्रक्रिया की दूसरी अवस्था है। अन्त में, जैसे-जैसे तथ्य के साथ उनका परिचय बढ़ता है, उनका बोध अधिक स्पष्ट होकर उनकी प्रकृति का हिस्सा बन जाता है। फिर वे शोध के तीसरे चरण पर पहुँचते हैं जिसे ग्रंथों में अनुभवजन्य, सहज एवं सरल कहा जाता है।

रूपांतरण की प्रक्रिया रहस्यमयी नहीं है। वास्तव में यह प्रतिदिन घटता है। उदाहरण के लिए, व्यक्ति कोई काम, जैसे तैरना या साइकिल चलाना सीखने का प्रयास करता है। यहाँ मुख्य बात अभ्यास है। शिक्षा के सन्दर्भ में सुनने या समझने से लेकर चिन्तन करने और फिर किसी बात पर विश्वास करने तक की पूरी प्रक्रिया सहज और सामान्य होती है। उदाहरण के तौर पर यह सर्वविदित है कि ज्ञान, मात्र सुनने और पढ़ने पर आधारित है। लेकिन बिना विचार या चिन्तन किए वह हमारे स्वभाव का हिस्सा नहीं बन सकता। इसी कारण हमारे जीवन में परिवर्तन नहीं होता। परन्तु यदि हम अपने पढ़े और सुने पर गहराई से चिन्तन करें तो जीवन में प्रतिबद्धता विकसित होती है और फिर यह हमारे व्यक्तिगत दृष्टिकोण का हिस्सा बन जाती है।

इस प्रक्रिया से हमारी केवल बुद्धि का विकास नहीं होता बल्कि हमारे भीतर करुणा जैसे सद्गुणों में भी वृद्धि होती है। गहन चिन्तन से हमें करुणा के महत्त्व का आभास होता है। किसी की प्रशंसा द्वारा करुणा को विकसित करने का विचार हमारे भीतर उठता है और फिर हम इस संकल्प को सचाई में बदलने का प्रयास करते हैं। दूसरे शब्दों में, किसी वस्तु से मिलनेवाले लाभ की सूचना होने से हमें यह विश्वास होता है कि उसे पाने का अभ्यास लाभकारी है। फिर अभ्यास द्वारा हम वास्तव में उसे प्राप्त कर लेते हैं।

मानसिक सुधार के प्रकार

विश्व की सभी प्रमुख परम्पराएँ व्यक्ति के आन्तरिक जीवन को विकसित करने के महत्त्व पर जोर देती हैं और उन में पाई जानेवाली बहुत सी तकनीक और पद्धतियाँ अन्य परम्पराओं में भी मौजूद हैं। विभिन्न भारतीय चिन्तन परम्पराओं में मानसिक प्रशिक्षण की प्रक्रियाओं में अनेक तरह की समानताएँ मिलती हैं। परन्तु अन्य आध्यात्मिक परम्पराओं में अन्य तरह की बातें वर्णित हैं। उदाहरण के तौर पर, मैंने हाल में चिन्तनशील प्रार्थना पर एक बड़ी रोचक और लाभकारी चर्चा में भाग लिया था। उन्होंने उसमें ईसाई और बौद्ध परम्पराओं के बीच अनेक तरह की समानताओं की चर्चा की थी।

ध्यान या धर्म के साथ मानसिक सुधार के सम्बन्ध में कोई कारण नहीं कि इस अभ्यास को धर्मनिरपेक्ष तरह से क्यों नहीं किया जा सकता। मानसिक अनुशासन के लिए किसी तरह की धार्मिक आस्था की आवश्यकता नहीं है। इसके लिए हमें केवल शान्त और साफ मस्तिष्क विकसित करना है। जहाँ तक मेरे दैनिक अभ्यास का प्रश्न है, मैं प्रार्थना-सभा के अतिरिक्त मुख्य रूप से मानसिक सुधार के लिए दो तरह के अभ्यास करता हूँ। पहला, विश्लेषणात्मक ध्यान और दूसरा, अन्तर्लयन ध्यान। विश्लेषणात्मक प्रक्रिया में ध्यान करनेवाला व्यक्ति अनेक तरह की बातों पर चिन्तन करता है, जबकि दूसरे में, किसी एक विशिष्ट वस्तु या उद्देश्य पर ध्यान केन्द्रित किया जाता है। मुझे लगता है इन दोनों तकनीकों का संयुक्त प्रयोग करना लाभकारी है।

विभिन्न तरह के मानसिक सुधारों को समझने के लिए प्रत्येक प्रक्रिया

को उसके उद्देश्य के दृष्टिकोण से देखना चाहिए। उदाहरण के तौर पर मन में व्याप्त समानता के भाव को गहन चिन्तन की वस्तु माना जाता है। ध्यान की एक और पद्धति है जहाँ सकारात्मक मानसिक गुणों का विकास किया जाता है। इसमें करुणा और स्नेह तथा उदारता जैसे गुण को अभ्यास की वस्तु की तरह नहीं देखा जाता, बल्कि ध्यान करनेवाला व्यक्ति इन गुणों को अपने भीतर विकसित करने का प्रयास करता है। पहला तरीका चिन्तनशील मानसिक अवस्था को विकसित करने से सम्बन्धित है, जैसे बोध की अवधारणा। दूसरा तरीका, करुणा जैसे गुणों को विकसित करने पर ध्यान देता है। हम इन प्रक्रियाओं को 'मस्तिष्क का प्रशिक्षण' और 'हृदय का प्रशिक्षण' कह सकते हैं।

हम आज ऐसे युग में जी रहे हैं जहाँ हर काम बटन दबाने से हो जाता है। इस कारण बहुत-से लोग मानसिक सुधार की इस प्रक्रिया में भी तुरन्त बदलाव की अपेक्षा रखते हैं। उन्हें लगता है कि भीतरी परिवर्तन के लिए केवल एक सही फॉर्मूले या सही मंत्र की आवश्यकता है। लेकिन यह सोचना बड़ी भूल है। मानसिक सुधार में समय लगता है और इसके लिए प्रयास, मेहनत तथा सतत समर्पण चाहिए।

टालमटोल की आदत से निपटना

आरम्भ में व्यक्ति को मानसिक सुधार के लिए सबसे पहली जरूरत है, अभ्यास के प्रति गम्भीरता और संकल्प। प्रतिबद्धता के बिना व्यक्ति के लिए कोई प्रयास शुरू करना मुश्किल है। मैं कई बार टालमटोल की समस्या के सन्दर्भ में लोगों को एक कहानी सुनाता हूँ। एक लामा ने अपने विद्यार्थियों को प्रेरित करने के लिए उनसे वादा किया था कि वह उन्हें एक दिन घुमाने ले जाएगा। इस बात का बच्चों पर असर पड़ा और वे उस वादे को सच मानकर अपने अध्ययन में लगे रहते थे। लेकिन काफी समय बाद भी जब वह व्यक्ति बच्चों को घुमाने नहीं ले गया तो उनमें सबसे छोटे विद्यार्थी ने अवसर देखकर अपने गुरु को उसका वादा याद दिलाया। लामा ने कहा कि वह बहुत व्यस्त है और उन्हें थोड़ी प्रतीक्षा करनी होगी। कुछ और समय बीत गया और गर्मियों के बाद सर्दी का मौसम भी शुरू हो गया। एक बार फिर विद्यार्थी ने लामा को याद दिलाते हुए पूछा, 'हम घूमने

कब जाएँगे?' लामा ने फिर वही उत्तर दिया, 'अभी नहीं! मैं थोड़ा व्यस्त हूँ।' उसने बच्चों में हलचल देखी तो पूछा, 'यह क्या हो रहा है?' उसने देखा किसी मृत व्यक्ति का शव ले जाया जा रहा था। एक विद्यार्थी ने कहा, 'वह बेचारा गरीब आदमी घूमने जा रहा है!'

इस कहानी का आशय यही है कि यदि हम संकल्पों को गम्भीरता से नहीं लेंगे तो उन्हें पूरा करने का समय कभी नहीं मिलेगा। हमारे पास कोई न कोई काम अवश्य होता है और हम व्यस्त रहते हैं। फिर किसी भी समय मौत आ जाएगी।

अभ्यास के लिए योजना बनाना

मैं शुरू में सावधान करना चाहता हूँ कि व्यक्ति जब आरम्भ में ध्यान लगाता है तो उसे पता लगता है कि उसका मस्तिष्क जंगली घोड़े जैसा है। जंगली घोड़े को जिस तरह अपने घुड़सवार के साथ परिचय करने में थोड़ा समय लगता है, उसी तरह मस्तिष्क को भी शान्त करने में समय लगता है। लम्बे समय तक लगातार अभ्यास के बाद ही हमें ध्यान का वास्तविक लाभ नजर आता है। मानसिक प्रशिक्षण के किसी अल्पकालिक कार्यक्रम के लिए कुछ दिन निकालना ठीक है, लेकिन उसके परिणामों से किसी निष्कर्ष पर पहुँचना गलत है क्योंकि इसमें समय लगता है। इसका पूर्ण लाभ मिलने में कई बार अनेक महीने, यहाँ तक कि वर्ष भी लग जाते हैं।

मुख्य बातों पर गौर करें तो सुबह का समय ध्यान के लिए श्रेष्ठ है। उस समय मस्तिष्क तरोताजा और शान्त होता है। लेकिन ध्यान रखिए कि बहुत सुबह अभ्यास करने के लिए रात की भरपूर नींद आवश्यक है। मैं नींद के मामले में बहुत भाग्यशाली हूँ। मैं प्रतिदिन सुबह साढ़े तीन बजे उठने के बावजूद दिनभर में आठ से नौ घंटे की गहरी नींद अवश्य ले लेता हूँ। बहुत-से लोगों के लिए यह मुश्किल हो सकता है। उदाहरण के तौर पर अगर घर में छोटे बच्चे हैं तो सुबह के समय ध्यान लगाना मुश्किल होता है। ऐसी स्थिति में किसी अन्य समय भी अभ्यास किया जा सकता है। आप चाहें तो बच्चों के खेल के समय या स्वयं थोड़ी देर आराम करने के बाद भी ध्यान का अभ्यास कर सकते हैं। यदि आपने भरपेट भोजन किया है तो आलस्य के कारण भी ध्यान करना मुश्किल हो सकता

है, इसलिए यदि आप सुबह ध्यान का अभ्यास करना चाहते हैं तो आपको शाम को भारी पेट नहीं सोना चाहिए।

जहाँ तक समय अवधि की बात है तो शुरू में दस से पंद्रह मिनट भी पर्याप्त होते हैं। मैं कहूँगा कि कार्यक्रम शुरू करने से पहले अधिक बड़ा लक्ष्य नहीं रखना चाहिए क्योंकि उसे जारी रखना मुश्किल होता है और वह आपकी आदत का हिस्सा बनने से पहले ही छूट जाता है। मुख्य समय पर ध्यान लगाने के अलावा आपको दिनभर में कुछ मिनट कई बार इस काम के लिए निकालना चाहिए। जल्दी-जल्दी उस आग को जलाने की कोशिश करने से ध्यान की प्रक्रिया में गतिशीलता बनने लगेगी। हर बार प्रयास करने से आपको सफलता मिलने की सम्भावनाएँ बढ़ती जाती हैं। फिर आप अगली बार ध्यान लगाने बैठते हैं तो कम समय और कम प्रयास लगता है।

स्थान के विषय में मानसिक प्रशिक्षण से सम्बन्धित ग्रंथों में लिखा है कि आवाज, मस्तिष्क के लिए काँटे के समान है। इसलिए अधिकांश लोग शान्त जगह पर ध्यान लगाते हैं। ध्यान पर बैठने से पहले फोन बन्द करना अच्छा तरीका है लेकिन इसका आशय यह नहीं कि ध्यान का अभ्यास और कहीं नहीं किया जा सकता। मैं समझता हूँ इसे दिन में किसी भी समय और किसी भी स्थान पर किया जा सकता है। मैं व्यक्तिगत रूप से यात्रा के दौरान ध्यान लगाने को अच्छा मानता हूँ।

जहाँ तक बैठने की मुद्रा का प्रश्न है, कोई भी सहज स्थिति ध्यान के लिए अच्छी होती है। लेकिन वह अधिक सुविधाजनक नहीं होनी चाहिए अन्यथा नींद आ सकती है। मेरे अनुसार पद्मासन, ध्यान के लिए सर्वश्रेष्ठ मुद्रा है। इसमें दोनों पैर, दूसरी जाँघ पर रखकर बैठते हैं। यह मुद्रा शरीर को गर्म रखती है और साथ ही, इससे कमर बिलकुल सीधी रहती है। शुरू में यह थोड़ा कठिन होता है और बैठने में असुविधा हो सकती है परन्तु धीरे-धीरे अभ्यास से इसे करना आसान हो जाता है। कुर्सी पर बैठकर ध्यान लगाना भी मुश्किल होता है। कुछ लोग जो घुटनों पर बैठकर ध्यान करना चाहते हैं, ऐसा कर सकते हैं। जो मुद्रा आपको सहज और अच्छी लगती है, आप उसी तरह बैठकर ध्यान लगा सकते हैं।

यदि आप ध्यान के लिए पद्मासन चुनते हैं तो दोनों हाथ सहज रहने चाहिए। इसके लिए दाएँ हाथ का पिछला हिस्सा, बाईं हथेली पर रखना चाहिए।

दोनों कुहनियों को ढीला रखकर उन्हें शरीर से थोड़ा दूर रखना चाहिए ताकि हवा का मार्ग अवरुद्ध न हो। सामान्य तौर पर गद्दी आदि पर बैठना अच्छा होता है। रीढ़ की हड्डी को तीर की तरह सीधा रखना जरूरी है। गर्दन थोड़ी-सी नीचे की ओर झुकी होनी चाहिए। अपनी जीभ की नोक को ऊपर के तालू से स्पर्श करके रखने से प्यास नहीं लगती। होंठ और दाँत भी सहज रखने चाहिए। आँखों के सम्बन्ध में अभ्यास से पता लगता है कि कौन-सी मुद्रा आपके लिए बेहतर है। कुछ लोग आँखें खोलकर ध्यान लगाते हैं, जबकि ऐसा करने से कुछ लोगों का ध्यान भटक जाता है। अधिकांश लोग आँखों को खुला रखना लाभकारी मानते हैं।

मस्तिष्क को सहज करना

आराम से बैठकर कुछ गहरी श्वास लेने का अभ्यास करना चाहिए। फिर आप सामान्य रूप से सांस ले सकते हैं। श्वसन के दौरान वायु को अन्दर और बाहर जाने पर ध्यान देना चाहिए। हम मुख्य रूप से दिमाग को निष्पक्ष अवस्था में लाने का प्रयास करते हैं। इसे सकारात्मक या नकारात्मक अवस्था से दूर रहना चाहिए। यदि आप ऐसा नहीं करना चाहते तो आप एक से पांच या सात गिनने तक धीरे-धीरे सांस को अन्दर लेकर बाहर छोड़ सकते हैं। इसे कई बार दोहराया जाता है। मौन रहकर गिनती करने का लाभ यह होता है कि हमारे मस्तिष्क को कुछ काम मिल जाता है और फिर वह इधर-उधर के विचारों में लिप्त नहीं होता। श्वास पर कुछ देर ध्यान रखने से मस्तिष्क को शान्त रखने में मदद मिलती है।

मस्तिष्क को शान्त रखने की इस प्रक्रिया की तुलना कपड़ा रँगने से की जा सकती है। सफेद कपड़े को आसानी से किसी भी रंग से रंगा जा सकता है रंगीन कपड़े को किसी नए रंग से रंगना मुश्किल होता है। इसी तरह यदि मस्तिष्क पहले से परेशान और व्यथित है, तो सकारात्मक परिणाम मिलने में मुश्किल होती है।

कई बार क्रोध जैसे किसी सशक्त भाव की जकड़ में रहने पर मस्तिष्क को एकाग्रचित्त करना और भी मुश्किल हो जाता है। ऐसे में, कुछ शब्दों को बार-बार दोहराना चाहिए जैसे, 'मैं इस नकारात्मक भाव को त्याग रहा हूँ।' इस तरह से बार-बार बोलने से उस भाव पर हमारी पकड़ ढीली पड़ने लगती है। यदि

यह तकनीक काम न करे तो उठकर कुछ देर घूमना और फिर दोबारा ध्यान पर बैठना चाहिए।

आरम्भ में ऐसे कई मौके आते हैं जब नकारात्मक विचार दिमाग में बार-बार लौट कर आ जाते हैं। ऐसी स्थिति में यह पूरी प्रक्रिया शान्त और स्थिर मस्तिष्क से करनी चाहिए क्योंकि इसे भी मानसिक प्रशिक्षण का हिस्सा माना जाता है। धीरे-धीरे मस्तिष्क की कार्यप्रणाली समझ में आने पर कुछ और अनुभव होने लगते हैं तो हमें मस्तिष्क की निष्पक्ष अवस्था अनुमान लग जाता है। यह अपने आप में अच्छी प्रगति है।

मस्तिष्क को स्थिर करने में सफल होने पर जब कुछ समय बीत जाता है तब आप मानसिक सुधार के वास्तविक कार्य को आगे बढ़ा सकते हैं।

प्रशिक्षण के आरम्भिक चरण में कुछ अभ्यास नियमित रूप से करने चाहिए। शुरू में थोड़ी देर के लिए भी मस्तिष्क को केन्द्रित करना असम्भव लगता है। वह कुछ सेकंड के लिए स्थिर नहीं रह पाता और भटकने लगता है। यह सामान्य बात है। ऐसा होने पर धीरे-से अपने विचारों से लौटकर फिर से ध्यान की ओर लौट सकते हैं। इसमें क्रोध या चिड़चिड़ाहट की जरूरत नहीं है। मस्तिष्क की प्रक्रिया को समझना चाहिए क्योंकि इसे शान्त भाव से ही किया जा सकता है। शुरू में हताशा होती है मगर निराश न होना अत्यन्त आवश्यक होता है।

मानसिक प्रशिक्षण के लाभ पर विचार करना

ध्यान की प्रक्रिया के आरम्भ में इसके लाभ पर विचार करना जरूरी है। इस अभ्यास द्वारा हमें तत्काल अत्यधिक चिन्ता और भटकाव से मुक्ति मिलने लगती है। यह अपने आप में बड़ी उपलब्धि है। इससे विवेक जागृत होता है और भावी परेशानियों से निपटने की समझ भी विकसित होती है।

कुछ समय यह सोचने में व्यतीत करना चाहिए कि यदि हम इस अभ्यास की उपेक्षा करें तो क्या होगा। ऐसी स्थिति में लामा द्वारा बच्चों को घुमाने ले जानेवाली कहानी की तरह हमारा किसी भी समय अन्त आ सकता है और बिना लाभ लिए मृत्यु हो सकती है। ध्यान न करने से हम विनाशकारी भावनाओं और विचारों का शिकार हो जाते हैं और मानसिक शान्ति नष्ट हो सकती है।

इन परस्पर विरोधी सम्भावनाओं पर विचार करने तथा इसके लाभ और हानि का आकलन करने के बाद हमें फिर से मस्तिष्क को एकाग्रचित्त करना जरूरी है। इससे बहुत लाभ होता है। इसके निष्कर्ष पर विचार करने के बाद हम इस प्रक्रिया की अगली अवस्था पर बढ़ेंगे।

कुछ औपचारिक अभ्यास

एकाग्रचित्त ध्यान

एकाग्रचित्त ध्यान भी मानसिक सुधार की प्रक्रिया का महत्त्वपूर्ण चरण है। इसमें ध्यान के लिए किसी वस्तु का चयन किया जाता है। वह वस्तु, पुष्प या पेंटिंग या प्रकाश-बिन्दु अथवा किसी महान व्यक्ति की छवि हो सकती है। आरम्भ में वस्तु को सामने रखना अच्छा होता है लेकिन वह भौतिक वस्तु ध्यान का केन्द्र नहीं होती। वस्तु का चयन करने के बाद हम उसकी छवि मस्तिष्क में बनाते हैं और फिर वह हमें मन की आँखों से दिखने लगती है। यही मानसिक छवि हमारे ध्यान का केन्द्र बन जाती है।

मस्तिष्क को शान्त और स्थिर करने के बाद हमें ध्यान वस्तु पर रखना चाहिए। उसे लगभग चार फीट की दूरी पर भँवों के सामने रखकर उसके दो इंच के आकार की कल्पना कीजिए और सोचिए कि उसमें से तेज प्रकाश निकल रहा है।

इस तरह का ध्यान करते हुए आँखों को कसकर बन्द नहीं करना चाहिए बल्कि उन्हें नीचे की ओर देखते हुए हल्का-सा खुला रखना चाहिए। आँखें यदि अपने आप बन्द हो जाएँ तो कोई बात नहीं लेकिन कसकर या ज्यादा खोलकर नहीं रखना चाहिए। मेरे जैसे लोग जो चश्मा लगाते हैं, उनके लिए चश्मा उतारकर ध्यान करना ठीक नहीं होता। हालाँकि चश्मा उतारने से ध्यान भटकने की सम्भावना कम होती है लेकिन नजर कमजोर होने के कारण नींद या आलस्य की सम्भावना भी बढ़ जाती है। ऐसे में हमारा अभ्यास किसी एक दिशा में चला जाता है। ऐसा होने पर कुछ अच्छा सोचना चाहिए जिससे खुशी मिले, किसी उदासी वाली बात पर भी विचार कर सकते हैं अथवा कल्पना कीजिए कि आप पहाड़ की चोटी से नीचे देख रहे हैं जहाँ से आपको हर दिशा का दृश्य दिखाई पड़ रहा है।

यदि समस्या विपरीत है कि आपका ध्यान कुछ देखने से भटक रहा है तो ऐसे में ध्यान कहीं और ले जाना चाहिए। खाली दीवार के सामने बैठना भी लाभकारी होता है।

आपका ध्यान किसी वस्तु पर स्थिर होने लगता है लेकिन इसके लिए कई सप्ताह या महीनों का लगातार अभ्यास चाहिए। फिर आपको चिन्तन द्वारा ध्यान को एकाग्रचित्त करना होगा। यदि मस्तिष्क अधिक शिथिल अवस्था में चला जाए तो नींद भी आ सकती है। जब धीरे-धीरे स्पष्ट छवि विकसित करने में सफलता मिल जाती है तो आप कठिन मानसिक समस्या को सुलझाने के लिए आवश्यक एकाग्रचित्त ढंग से ध्यान कर सकते हैं। इसका उद्‌देश्य यह है कि जिस तरह पन-बिजली संयंत्र से पानी को निश्चित गति और दिशा देकर टर्बाइन चलाई जाती है, उसी तरह मस्तिष्क की समस्त ऊर्जा का उपयोग करुणा, धैर्य, सहनशीलता और क्षमाशीलता जैसे गुणों को विकसित करने के लिए होना चाहिए।

ध्यान में सफलता मिलने के बावजूद समय-समय पर आपका ध्यान उस वस्तु से हट जाएगा। ऐसे में आपको फिर से अपना ध्यान उसी वस्तु पर लाना है। आवश्यकता होने पर बीच-बीच में आँखें खोलकर उस वस्तु को देख लेना चाहिए। इससे ध्यान फिर से स्पष्ट हो जाता है। इस तरह के ध्यान के अभ्यास में दो चीजों की आवश्यकता होती है : मानसिक स्पष्टता और स्थिरता। स्पष्टता से ध्यान को एकाग्रचित्त करने में सहायता मिलती है और स्थिरता ध्यान को सक्रियता प्रदान करती है। इन दोनों आवश्यकताओं को पूरा करने के लिए हमें सतर्कता और आत्म-चिन्तन की आवश्यकता है। इन दोनों बातों का लगातार प्रयोग करने से हम ध्यान को एकाग्रचित्त करना सीख जाते हैं और फिर अभ्यास के बाद यह पूरी तरह स्थिर हो जाता है।

संक्षेप में, पहले हम मस्तिष्क को श्वसन क्रिया द्वारा स्थिर करने का अभ्यास करते हैं और फिर हम किसी वस्तु को चुनते हैं और उस पर ध्यान को एकाग्रचित्त करते हैं। हम बीच-बीच में देखते हैं कि हमारा ध्यान कितना भटकता है। यदि ध्यान भटकने लगे तो हमें उसे वापस वस्तु पर लेकर आना है और अभ्यास को जारी रखना है। अन्त में ध्यान प्रक्रिया खत्म समाप्त करते हुए हमें लम्बी सांस लेनी और धीरे-धीरे छोड़नी है। फिर हम इस प्रक्रिया को समाप्त कर देते हैं।

वर्तमान में जागरूक रहना

श्वास क्रिया से मस्तिष्क को शान्त करके एक अन्य लाभकारी अभ्यास द्वारा मस्तिष्क शान्त और स्थिर हो सकता है। इसके लिए हमारी जागरूकता का बड़ा महत्त्व है। इसे आरम्भ करने से पहले हमें प्रण लेना चाहिए कि हमें अपना ध्यान भटकने नहीं देना है और भावी अथवा अतीत की बातों पर विचार नहीं करना है। हमें मस्तिष्क को वर्तमान में केन्द्रित रखना है। यह अभ्यास करते हुए हमें दीवार के सामने बैठना चाहिए जिस पर भड़कीले रंग न हो। इसके बाद लम्बी साँसें लेकर हम दिमाग को शान्त कर लेते हैं और फिर उसकी गतिविधि पर नजर रखते हैं।

आरम्भ में यह काफी मुश्किल लगता है। दैनिक जीवन में हमारा मस्तिष्क बहुत-सी वस्तुओं पर केन्द्रित रहता है और कई तरह के संवेदी अनुभवों, विचारों एवं स्मृतियों ग्रस्त होता है। हम बहुत कम ऐसी अवस्था में रह पाते हैं जब हमारा ध्यान किसी विशिष्ट वस्तु पर नहीं होता। इसलिए जब ध्यान का अभ्यास किया जाता है तो शुरू में मस्तिष्क बहुत भटकता है और बहुत-से विचार और छवियाँ, चेतना का हिस्सा बन जाती हैं या कोई स्मृति हमारा ध्यान आकर्षित कर लेती है। लेकिन ऐसा होने पर हमें उस विचार या छवि की ऊर्जा का शिकार नहीं होना चाहिए अपितु उसे दबाकर अपने ध्यान को फिर से वर्तमान में केन्द्रित करने का प्रयास करना चाहिए। यदि कोई स्मृति परेशान करती है तो उसे देखकर फिर भूल जाना चाहिए जैसे आकाश में उड़ते हुए बादल दिखाई पड़ते हैं और फिर ओझल हो जाते हैं या पानी की सतह पर बुलबुले जो उठते हैं और फिर पानी में घुल जाते हैं। इस तरह धीरे-धीरे अभ्यास से हमें मस्तिष्क की जागरूक अवस्था में रहने का मौका मिलता है। हमें फिर धीरे-धीरे दिमाग में एक खालीपन का एहसास होने लगता है। उस समय दिमाग में कोई विशेष बात नहीं होती। इस काम में शुरू में सफलता नहीं मिलती लेकिन लम्बे समय तक अभ्यास करने के बाद हम इस खालीपन को काफी समय तक महसूस कर सकते हैं। इससे यह समझ में आने लगता है कि हमारा मस्तिष्क, शीशे या साफ पानी की तरह है जिसमें विचार आते हैं और फिर स्वत: ओझल हो जाते हैं।

इस अभ्यास से एक महत्त्वपूर्ण लाभ यह होता है कि हम विचारों में लिप्त हुए बिना उन्हें देखना सीख जाते हैं। एक दर्शक जैसे किसी दृश्य को

सिर्फ देखता है, उसी तरह हमें भी विचारों को देखना आ जाता है। जीवन में बहुत-सी समस्याएँ सिर्फ इसीलिए उत्पन्न होती हैं कि हमारा दिमाग प्रशिक्षित नहीं होता और हम उन विचारों को जीवन की सचाई मान लेते हैं और अपना एक अलग कल्पना-जगत बुन लेते हैं। ऐसा होने पर हम अपनी ही बनाई दुनिया में उसी तरह फँस जाते हैं जैसे कोई लम्बी रस्सी अपनी ही गाँठों में उलझ जाती है।

करुणा, स्नेह और दया का प्रशिक्षण

करुणा, स्नेह एवं उदारता जैसे सकारात्मक मानसिक गुण विकसित करना लाभकारी अभ्यास है। इस तरह के अभ्यास में सायास विचार किया जाता है। इसके लिए धीरे-धीरे सांस लेना व छोड़ना है और मस्तिष्क को शान्त और स्थिर करना है। इस तैयारी के बाद ही हम वास्तविक अभ्यास शुरू कर सकते हैं।

यह अभ्यास विशेषकर उन मौकों के लिए उपयुक्त है जब आप किसी व्यक्ति से, जिससे आपको परेशानी है, निपटने के लिए संघर्ष करते हैं। पहले उस व्यक्ति के बारे में सोचिए और उसकी साफ छवि तैयार कीजिए ताकि उसकी उपस्थिति को स्पष्ट तौर पर महसूस किया जा सके। फिर सोचिए, उस व्यक्ति की भी कुछ आशाएँ हैं, कुछ सपने हैं और वह भी आपकी तरह खुशी और दुख को महसूस करता है। इस तरह आप और वह व्यक्ति एक जैसे हैं। वह भी आपकी तरह खुश रहना और कष्ट से मुक्ति चाहता है।

ऐसा महसूस करने के बाद स्वयं को उस व्यक्ति से जोड़कर देखिए और मन में उस व्यक्ति की प्रसन्नता की कामना कीजिए। इन शब्दों को दोहराना आपके लिए भी लाभकारी होगा। इसके बाद मस्तिष्क को करुणा की अवस्था में स्थित करने का प्रयास कीजिए। मैंने पहले जो दो प्रकार के मानसिक अभ्यास बताए हैं, उनमें करुणा को विकसित करना मुख्य तौर पर पहला है। कई बार दिमाग को दूसरी अवस्था में स्थित करना अच्छा होता है।

मैं पहले ही करुणा के विषय पर विस्तार से चर्चा कर चुका हूँ इसलिए यहाँ उस पर और बात नहीं करूँगा। आप पुरानी बातों को फिर से याद कर सकते हैं। दोनों तरह की पद्धतियों के संयुक्त प्रयोग से अपने भीतर धैर्य, सहनशीलता जैसे आन्तरिक गुण आसानी से विकसित किए जा सकते हैं।

समभाव का विकास

समभाव के विषय में यह कहना जरूरी है कि इसका अर्थ उपेक्षा नहीं है। समभाव की स्थिति में मस्तिष्क का दूसरे व्यक्ति के साथ सम्बन्ध होता है। यह अत्यधिक आकर्षण या विकर्षण जैसे भाव में स्थित पूर्वाग्रह से मुक्त होता है।

समभाव के अभ्यास के मुख्यत: दो रूप होते हैं। पहला, बगीचे की मिट्टी को समान करने जैसा है ताकि उस में उगनेवाले पौधे समान रूप से उग जाएँ। इसका उद्देश्य दूसरों को मित्र, शत्रु और अजनबी जैसे श्रेणियों में बाँटने की आदत को नियंत्रित करना है। दूसरा, अभ्यास इसे विकसित करने से सम्बन्धित है। इसमें यह समझना है कि हम और दूसरा व्यक्ति, मूल रूप से दोनों समान हैं और हम दोनों प्रसन्नता और कष्ट से मुक्ति चाहते हैं।

इस अभ्यास के आरम्भ में एक बार फिर तर्क मूलक प्रक्रिया का इस्तेमाल करते हैं। हालाँकि प्रियजनों से आत्मीयता रखना स्वाभाविक है और हमें नुकसान पहुँचानेवाले लोगों के प्रति नकारात्मक तथा अजनबियों के प्रति उपेक्षा का भाव भी स्वाभाविक है, लेकिन हम ऐसा करके कई बार अनावश्यक रूप से अपने और दूसरों के लिए कष्ट पैदा कर लेते हैं। हम स्वयं को इन श्रेणियों से बहुत अधिक जोड़कर देखने लगते हैं। मैं इसके बारे में पहले भी चर्चा कर चुका हूँ। दूसरों के प्रति समभाव विकसित करना जरूरी है और यह जीवन को सम्पूर्ण ढंग से जीने में बहुत सहायता करता है।

एक बार फिर श्वसन क्रिया द्वारा मस्तिष्क को शान्त और स्थिर कीजिए। फिर निम्नलिखित तरीके से आगे बढ़िए : आप जिन्हें दोस्त एवं रिश्तेदार मानते हैं, उनके समूह की दिमाग में छवि बनाइए और उसे ध्यान से देखिए। इसी छवि के साथ ऐसे लोगों के समूह की छवि बनाइए जिनके प्रति आप उपेक्षा का भाव रखते हैं, जैसे कार्यालय के सहकर्मी या बाजार में मिलनेवाले लोग। उन्हें हम पहचानते हैं लेकिन अच्छी तरह जानते नहीं हैं। फिर इनकी छवि को बारीकी से देखिए। अन्त में एक तीसरी छवि बनाइए। इसमें वे लोग हैं जिन्हें आप पसन्द नहीं करते, जिनके साथ आपका झगड़ा रहता है और आप उनके विचारों से सहमत नहीं हैं। इस छवि को भी बहुत ध्यान से देखिए।

इन तीनों छवियों को देखने के बाद आपको अपने भीतर इनके प्रति सामान्य प्रतिक्रिया को उभरने देना है। फिर आप एक-एक करके इनके प्रति अपनी भावनाओं

पर ध्यान दीजिए। आप पाएँगे कि पहले समूह के प्रति आकर्षण, दूसरे के प्रति उपेक्षा और तीसरे के प्रति द्वेष का भाव मन में जागृत हो जाएगा। इसके बाद आपको मन में उठ रही प्रतिक्रिया को देखना है। आप पाएँगे कि पहले समूह के प्रति आपके मन में सुखद भावना, आत्मविश्वास तथा उनके दुखों को दूर करने की इच्छा पैदा होगी। दूसरे समूह के प्रति आपके मन में उत्तेजना या प्रेरणा का भाव पैदा नहीं होगा। तीसरे समूह के लिए आपके मन में नकारात्मक भावनाएँ पैदा होने लगेंगी।

इसके उपरांत आपको विवेक का प्रयोग करके चिन्तन करना है। हम जिन्हें आज अपना शत्रु मानते हैं, यह जरूरी नहीं कि वे सदा ऐसे ही रहेंगे। यही बात दोस्तों के साथ भी लागू होती है। मित्रों के प्रति हमारा आकर्षण हमें समस्या में डाल सकता है, जबकि कई बार शत्रुओं के प्रति हमारा व्यवहार हमारे लिए लाभकारी होता है क्योंकि हम उनसे सतर्क रहते हैं। इन जटिलताओं पर विचार करने से आपको पता लगेगा कि किसी के भी प्रति बहुत तीखी प्रतिक्रिया रखना व्यर्थ है। वह व्यक्ति पहले समूह में हो या तीसरे समूह में, हमारी प्रतिक्रिया दोनों ही मामलों में व्यर्थ है। यह समझने के बाद कि किसी के प्रति ऐसे भाव रखने से मस्तिष्क पर नकारात्मक प्रभाव पड़ता है, आप तीखी प्रतिक्रिया से बचेंगे। हमारा उद्देश्य यह है कि हम किसी को अपने मित्र या शत्रु के रूप में न देखकर, उन्हें सामान्य मनुष्य के रूप में देखें।

समानता के दूसरे तरह के अभ्यास की जहाँ तक बात है, तो अध्याय 2 की बहुत-सी बातों को याद किया जा सकता है। मुख्यतया दो तरह के सत्य हैं : पहला, मेरी तरह दूसरे लोग भी खुश रहना और कष्टों से दूर रहना चाहते हैं; और दूसरा, मेरी तरह उन्हें भी अपनी इच्छाओं को पूरा करने का अधिकार है। इन दोनों बातों पर विचार करते हुए हमें स्वयं से पूछना चाहिए कि हम किस आधार पर अपने और दूसरों में भेद करते हैं। इस अभ्यास को बार-बार दोहराने से, एक-दो बार में नहीं किंतु कुछ सप्ताह, महीने अथवा वर्षों में हम यह पाएँगे कि हमारे भीतर साझा मानवता और आनन्द प्राप्त करने की इच्छा तथा कष्ट से दूर रहने की कामना पर आधारित समानता का सच्चा भाव उत्पन्न हो गया है।

दूसरों के उदाहरण से खुश होना

किसी ऐसे व्यक्ति को, जिसकी हम प्रशंसा करते हैं, ध्यान की वस्तु बनाना भी मस्तिष्क के लिए लाभकारी अभ्यास है। यह स्वयं को प्रेरणा देने हेतु अपने लिए आदर्श चुनने जैसा है। हम अपने अतीत या वर्तमान से सम्बन्धित धर्मनिरपेक्ष व्यक्ति, जिसकी करुणा और नि:स्वार्थ भाव की हम सराहना करते हैं, डॉक्टर या नर्स या शिक्षक अथवा वैज्ञानिक, धार्मिक परम्परा के संस्थापक या इतिहास के किसी संत के जीवन के पर चिन्तन करके और उसकी जीवन-शैली के विषय में विचार करके उसके उदाहरण को हम जीवन में अपना सकते हैं।

ऐसे विश्लेषणात्मक मानसिक प्रशिक्षण का उद्देश्य किसी की प्रशंसा और उसकी अच्छाई को समझना है। हम यह जानने का प्रयास करते हैं कि लोग दूसरों की सेवा के प्रति प्रेरित क्यों होते हैं। हम यह गुण समझने के बाद उस पर विचार करते हैं और मस्तिष्क को स्थिर करके स्वयं को उससे जोड़ कर देखते हैं। दूसरे शब्दों में, इसका उद्देश्य स्वयं को प्रशिक्षित करना है ताकि हम जिसे आदर्श मानते हैं, उसी की भाँति दूसरों का कष्ट समझ पाएँ और उसके जैसा व्यवहार भी कर सकें। इससे हमारे व्यवहार और फिर दृष्टिकोण में बदलाव आता है। इस अभ्यास का यही उद्देश्य है कि हम अपने कार्यों को सजग और प्रभावशाली रूप से सम्पन्न कर सकें। यदि यह नहीं हो सका तो फिर इन बातों का कोई अर्थ नहीं है।

विनाशकारी दृष्टिकोण और भावनाओं से निपटना

विश्लेषणात्मक मानसिक प्रशिक्षण इस विनाशकारी भाव और दृष्टिकोण से निपटने में बहुत प्रभावशाली सिद्ध होता है। आप किसी एक विनाशकारी मानसिक अवस्था को चुन सकते हैं जो निजी तौर पर आपके ऊपर हावी रहती है। हम सबके भीतर तरह-तरह के भाव व्याप्त हैं लेकिन सबके भीतर अलग और विशिष्ट भाव होते हैं। कुछ लोग क्रोध के प्रभाव में रहते हैं जिसके चलते चिड़चिड़ाहट, गुस्सा, द्वेष आदि का भाव रहता है। कुछ लोग ईर्ष्या तथा दूसरों की सफलता के प्रति असहनशील होते हैं। कुछ कामना, लोभ या वासना में लिप्त रहते हैं। कुछ की समस्या अलग होती है; उनमें दूसरों से जुड़ने की क्षमता का अभाव होता है।

यदि आप विनाशकारी भाव को चुनते हैं तो पहले आपको श्वास क्रिया द्वारा मस्तिष्क को शान्त करना होगा। उसके बाद ही आप असली अभ्यास के लिए आगे बढ़ सकते हैं।

आपने जिस मानसिक अवस्था का चयन किया है, उसके विनाशकारी प्रभाव पर विचार कीजिए। उदाहरण के लिए क्रोध को लेते हैं। विचार कीजिए किस तरह यह आपकी मानसिक शान्ति को भंग करता है और व्यवहार में नकारात्मकता पैदा करके आस-पास के वातावरण को दूषित कर देता है। इस बात पर भी विचार कीजिए कि क्रोध की ऊष्मा के प्रभाव में आप दूसरों को कड़वी बातें बोलते हैं, उन्हें आहत करते हैं और आपके सम्बन्ध खराब हो जाते हैं। मानसिक अवस्थाओं की विनाशकारी प्रवृत्ति पर हमें गहराई से विचार करना चाहिए। इससे इन भावनाओं के प्रति हमारे भीतर स्वाभाविक सतर्कता पैदा होती है। एक विख्यात तिब्बती व्यक्ति ने कहा था, 'मेरे पास केवल एक काम है कि मैं अपने मस्तिष्क के द्वार पर हमेशा सतर्क होकर पहरा देता हूँ। कोई विनाशकारी भाव अन्दर घुसने लगता है तो मैं तैयार हो जाता हूँ और विचार शिथिल पड़ जाते हैं तो मैं भी आराम कर लेता हूँ!'

इन भावनाओं की विनाशकारी प्रवृत्ति को लेकर सन्तुष्ट होने के बाद आपको ध्यान के अगले चरण पर आगे बढ़ना है। इस अवस्था पर अधिक गहराई से ध्यान केन्द्रित करना होता है और शुरू होते ही इस पर विशेष ध्यान देना होता है। इन भावनाओं के पैदा होने पर जब आप इस बात पर ध्यान देते हैं कि शारीरिक और मनोवैज्ञानिक स्तर पर आपके भीतर क्या परिवर्तन हो रहे हैं तो आप इनकी विनाश लीला शुरू होने से पहले ही इन्हें पहचान सकते हैं। आप जितने सटीक तरीके और ध्यान से इन भावनाओं को महसूस करेंगे, उतना ही सतर्क होने पर आपको इस विनाश श्रृंखला को रोकने में सफलता मिल जाएगी।

इस अभ्यास के तीसरे चरण में आपको इन भावों से निपटने के लिए इनका प्रतिकार करना होगा। उदाहरण के तौर पर क्रोध का सहनशीलता से, घृणा का स्नेह से और लोभ का प्रतिकार उस विशिष्ट वस्तु की कमियों पर विचार करने से हो सकता है। यह विनाशकारी मानसिक अवस्था को दबाने में काफी सीमा तक कारगर सिद्ध होता है।

इस अभ्यास के तीनों चरणों में पहले मस्तिष्क को शान्त करना है और उसके बाद ध्यान के चरणों पर धीरे-धीरे आगे बढ़ना है। इन पद्धतियों के संयोग

से अभ्यास का प्रभाव धीरे-धीरे मस्तिष्क में गहरे बैठकर आपकी जीवनशैली का हिस्सा बन जाएगा।

मानसिक अभ्यास के मार्ग की बाधाएँ

शुरू में मानसिक अभ्यास करनेवाले लोगों को काफी कठिनाई और मुश्किलों का सामना करना पड़ता है। यह बहुत अच्छी कला है जिसे थोड़े प्रयास से कुछ समय में प्राप्त किया जा सकता है। मानसिक अभ्यास की चुनौती बड़ी होती है क्योंकि इसमें हम जिस माध्यम से अभ्यास करते हैं और फिर इस अभ्यास को जिस क्षेत्र में अमल करते हैं, वह मानसिक स्तर पर होता है। इसलिए लम्बे समय से इसका अभ्यास करनेवाले लोगों को भी इसमें कठिनाई का सामना करना पड़ता है।

वह चाहे प्रशिक्षु हो या लम्बे समय से अभ्यासरत व्यक्ति, इस क्षेत्र में प्रेरणा से सम्बन्धित सामान्य बाधाओं के अतिरिक्त दो प्रमुख बाधाएँ और भी हैं। पहली, ध्यान भंग होने की सम्भावना रहती है, और दूसरी, आलस्य। हम इसे 'मानसिक गोता' भी कह सकते हैं। इस अभ्यास को करनेवाले व्यक्ति का शुरू में ध्यान भंग होता है। उसका मस्तिष्क अलग-अलग विचारों और भावनाओं की ओर आकर्षित होने के कारण वह शान्त और स्थिर रहता है। धीरे-धीरे, ध्यान भंग होने पर वह उत्तेजना का रूप ले लेता है और फिर हमारे अभ्यास का लक्ष्य विस्मृत हो जाता है और हमें ध्यान केन्द्रित करने से रोक देता है।

हम इन बाधाओं पर काबू कैसे पाते हैं, यह हमारे व्यक्तिगत अनुभव पर निर्भर करता है। कई बार केवल मानसिक अभ्यास के लक्ष्य पर ध्यान देना पर्याप्त होता है लेकिन कई बार हमें अभ्यास बीच में छोड़कर किसी अन्य कार्य को लेकर आगे बढ़ना पड़ता है। हम बीच में छोटे-छोटे श्वास लेकर उस अवसर के लिए उपयुक्त शब्दों का उच्चारण भी कर सकते हैं जैसे, 'मैं तनाव से मुक्त हो रहा हूँ।' इसे कई बार दोहराया जा सकता है। कई बार हमें अभ्यास को बीच में छोड़कर घूम लेना चाहिए। मैं हमेशा की तरह यही कहूँगा कि इस अभ्यास में हताश न होना बहुत जरूरी है।

इस अभ्यास की एक अन्य बड़ी बाधा आलस्य या 'मानसिक गोता' है। यह मस्तिष्क के अत्यधिक शान्त और शिथिल हो जाने पर होता है। ऐसे में हम

दैनिक आदतों को रोककर मस्तिष्क को सब बातों से दूर कर लेते हैं लेकिन हमारी ऊर्जा का स्तर नीचे गिर जाता है। हमारे लिए सतर्क रहना कठिन हो जाता है जिसके कारण मस्तिष्क गोता लगाने लगता है। ऐसा महसूस होता है कि हम वर्तमान से कहीं पीछे छूट गए हैं। मानसिक अभ्यास से शान्ति मिलती है लेकिन बहुत अधिक शान्ति हमारा लक्ष्य नहीं है। हमें ऐसी अवस्था विकसित करनी है जहाँ स्थिरता के साथ सतर्कता भी हो। किसी एक अवस्था में बहुत लम्बे समय तक शान्त और शिथिल रहने से सतर्कता के स्तर में कमी आती है। मस्तिष्क के शिथिल होने से उसका पैनापन कम होने लगता है।

हम आलस्य पर काबू कैसे पाते हैं? यह भी अलग-अलग लोगों पर निर्भर करता है। थोड़ी देर तेज चलना अच्छा उपाय है। कई बार तेज रोशनी की कल्पना करने से भी आलस्य दूर हो जाता है। धार्मिक प्रवृत्ति वाले लोग अपने धर्म से सम्बन्धित किसी श्रेष्ठ आकृति की कल्पना कर सकते हैं। एक और उपाय है। आप सोचिए कि आपकी चेतना उछलकर आकाश में चली गई है। यह अलग-अलग लोगों पर निर्भर करता है और हमें देखना है कि कौन-सा तरीका हमारे लिए श्रेष्ठ है। संक्षेप में यदि आपको लगे कि आपके मार्ग में बाधा उत्पन्न हो रही है तो उस पर काबू पाने के लिए आपको अपनी मानसिक अवस्था को फिर से सक्रिय और जागरूक करना होगा।

प्रगति का प्रश्न

मानसिक अभ्यास किसी भी अन्य गतिविधि की तरह होता है। इसमें अलग-अलग लोगों की प्रगति अलग-अलग दर से और अलग-अलग समय पर होती है। यह उनकी आयु, शारीरिक स्थिति, बौद्धिक विकास तथा अन्य कई कारणों पर निर्भर करता है। जिनकी आत्म-चिन्तन की शक्ति अधिक होती है, वे विकर्षण या शिथिलता को तुरन्त पहचान लेते हैं और उसे रोकने के लिए आवश्यक उपाय भी कर लेते हैं। दूसरे लोगों को इस काम में समय लग सकता है। लेकिन दोनों ही मामलों में यह गर्व या दुख का कारण नहीं होना चाहिए, बल्कि बाधा उत्पन्न होने पर हमें विनम्रता के साथ बिना क्रोध किए उस बाधा को दूर करने का उपाय सोचना चाहिए।

मानसिक अभ्यास का आनन्द

हम जैसे-जैसे अभ्यास के मार्ग पर आगे बढ़ते हैं, हमें मस्तिष्क को और ज्यादा प्रशिक्षित करने की आवश्यकता महसूस होने लगती है। हमें दिमाग में नकारात्मक की जगह सकारात्मक भाव डालने होते हैं और विनाशकारी विचारों की पकड़ को ढीला करना होता है। हालाँकि हम यहाँ नकारात्मक भावनाओं को दबाने की बात नहीं कर रहे हैं, बल्कि उन्हें पहचानना जरूरी है। उनकी जगह सकारात्मक विचारों को स्थान देना चाहिए। हम यह अभ्यास केवल स्वयं पर ही नहीं, बल्कि मस्तिष्क पर भी पूर्ण नियंत्रण के लिए करते हैं। इससे दूसरों को भी लाभ होता है।

हमें यह भी ध्यान रखना चाहिए कि हमें इस अभ्यास को करते समय अपने साथ जबरदस्ती नहीं करनी है। पहले बताया गया है कि शुरू में लोगों का ध्यान भंग होता है। मस्तिष्क को नियंत्रित व अनुशासित करने के लिए काफी अभ्यास की आवश्यकता होती है। इसमें धैर्य की आवश्यकता होती है इसलिए व्यक्ति को हताश नहीं होना चाहिए। यदि हमें लगता है कि इस काम के लिए संघर्ष करना पड़ रहा है तो यह संकेत है कि अभ्यास को रोक देने का समय आ गया है। ऐसे परिस्थितियों में ध्यान को जारी रखना प्रभावशाली नहीं होता। अधिक संघर्ष से हमारा दिमाग जल्दी थक जाता है। यदि हम ऐसी परिस्थिति में भी ध्यान का प्रयास करेंगे तो हमारा मन उचटने लगेगा और कुछ समय बाद ध्यान के लिए चयनित स्थान से मन हट जाएगा। ऐसी अवस्था नहीं आनी चाहिए। मानसिक अभ्यास का अर्थ मानसिक अनुशासन है। लेकिन इसका अर्थ स्वयं को दंडित करना नहीं है। इस कार्य में आनन्द आना चाहिए। यदि हमें ध्यान के अभ्यास से आनन्द मिलने लगेगा तो हम शीघ्र प्रगति कर सकते हैं।

दैनिक जीवन पर प्रभाव

हम सबके जीवन में समय-समय पर समस्याएँ आती हैं। हमारे साथ जब कभी ऐसा होता है तो मानसिक जागरूकता का यह अभ्यास हमें उस परेशानी के कारण को सही दृष्टिकोण से देखने में मदद करता है। उदाहरण के तौर पर

यदि हमारी किसी परिवार के सदस्य या सहकर्मी या किसी अजनबी से बहस हो जाए तो हमें उस घटना पर कुछ देर विचार करना चाहिए और अपनी प्रतिक्रिया पर चिन्तन करना चाहिए। उसके बाद अपने प्रतिद्वन्द्वी को सामने रखकर हमें उसके प्रति आभार का भाव जागृत करने की कोशिश करनी चाहिए। यह शुरू में थोड़ा अजीब लगता है लेकिन मैं पहले भी कह चुका हूँ कि हमारे शत्रु ही वास्तव में हमारे सबसे बड़े शिक्षक हैं। इसलिए यह आभार की भावना उचित है। दिमाग में ऐसा भाव लाकर हमें शत्रु के सामने सिर झुकाकर प्रणाम करना चाहिए। इस प्रक्रिया को बार-बार दोहराने से और यह सोचने से कि हमारा दृष्टिकोण सही है और हमारा भाव शुद्ध है, हमारे मन में व्याप्त द्वेष की भावना कम हो जाती है और हमारे मन में उस व्यक्ति के प्रति दया और प्रेम जागृत हो जाता है।

मैं जिस मानसिक प्रशिक्षण और अभ्यास के उद्देश्य की बात कर रहा हूँ वह धर्मनिरपेक्ष नैतिकता के दृष्टिकोण से हमें शान्त, करुणामय और विवेकपूर्ण बनाने के प्रति समर्पित है। लेकिन ऐसे और भी बहुत तरीके हैं जिनसे हमें अपने दैनिक जीवन में लाभ मिल सकता है। हम जैसे-जैसे प्रगति करते हैं, हमारे भीतर स्थिरता विकसित होती है और हमें स्वयं को अत्यधिक उत्तेजना या निराशा जैसी स्थितियों से बचाने में सहायता मिलती है। इस तरह हमारा अभ्यास हमें जीवन के उतार-चढ़ाव को अधिक गहराई से महसूस करने से बचा लेता है। इसका अर्थ यह नहीं है कि यह हमारे मस्तिष्क को शिथिल कर देता है। मैं कहना चाहता हूँ कि भावनाओं की अधिकता को नियंत्रित करना बहुत जरूरी है। मानसिक प्रशिक्षण हमें जीवन का अनुभव करने से नहीं रोकता, बल्कि यह हमारी प्रतिक्रिया को नियंत्रित करने में सहायता करता है। यह शुरू में नीरस लग सकता है लेकिन विचार करने पर पता लगता है कि हमारा मस्तिष्क एक विशाल समुद्र में छोटी-सी नाव की तरह है जो इधर-उधर मुड़ जाती है और यह अच्छी बात नहीं है। इसी तरह कमरे में एक क्षण में आँखें चौंधिया देनेवाला तेज़ प्रकाश और दूसरे क्षण में घुप अँधेरा अच्छा नहीं होता। हमें उचित प्रकाश चाहिए ताकि हम आसपास की चीजों को स्पष्ट रूप से देख सकें। इसलिए मस्तिष्क पर थोड़ा नियंत्रण प्राप्त करने के उपरांत हमें जीवन की घटनाओं को स्पष्टता से देखने और समझने का मौका मिलता है।

मैं जिस तरह मस्तिष्क की शिथिलता को अच्छा नहीं मानता, उसी तरह

नकारात्मक भावनाओं पर पूरी पूर्ण नियंत्रण के भी पक्ष में नहीं हूँ। इसके लिए लम्बे समय और कठिन प्रयास की आवश्यकता है। मैं केवल आपसे एक मध्यम लक्ष्य रखने और उसे प्राप्त करने की बात कह रहा हूँ। ऐसी अवस्था में हमें स्वाभाविक विनम्रता और मस्तिष्क में शान्ति चाहिए। इन गुणों से हम मस्तिष्क को बेहतर ढंग से नियंत्रित करके करुणा विकसित कर सकते हैं।

निष्कर्ष यह है कि मानसिक अभ्यास के लिए लम्बे समय तक साधारण प्रयास द्वारा सफलता मिल जाती है। यदि हम किसी कार्य के लिए शुरू में बहुत अधिक प्रयास करते हैं तो उसमें असफल होने की सम्भावना ज्यादा होती है क्योंकि लम्बे समय तक ज्यादा प्रयास करना कठिन होता है। ऐसे में हम जल्द ही उसे छोड़ देते हैं। इसलिए अच्छे अभ्यास के लिए लगातार प्रयास करना जरूरी है। हमारा यह प्रयास सतत और सरल होना चाहिए ताकि हम उसे लम्बे समय तक जारी रख सकें। इसी कारण सही अभ्यास छोटी अवधि के लिए सर्वोत्तम तरीका है। हमें अभ्यास की मात्रा की अपेक्षा उसके स्तर पर ध्यान देना चाहिए। सबसे महत्त्वपूर्ण बात है कि इस अभ्यास का एकमात्र उद्देश्य बेहतर और करुणापूर्ण मनुष्य बनना है!

उपसंहार

मैंने इस पुस्तक में विशुद्ध रूप से धर्मनिरपेक्ष नैतिकता के मार्ग और मूलभूत मानवीय मूल्यों के विकास की रूपरेखा प्रस्तुत करने की कोशिश की है। मैंने जब से यह समझा कि कोई एक धर्म सबको सन्तुष्ट नहीं कर सकता, तब से मेरे दिमाग में इस कार्य को करने का विचार था। पृथ्वी पर सात अरब लोग रहते हैं और सबकी मानसिक अवस्था एक-दूसरे से भिन्न है।

इस पुस्तक को तैयार करने के पीछे की प्रेरणा यही है कि हम सब यदि नैतिकता का महत्त्व समझ जाएँ और करुणा एवं धैर्य जैसे आन्तरिक मूल्यों को जीवन का अभिन्न अंग बनाने में सफल हो जाएँ तो हमें उसके दूरगामी परिणाम मिल सकते हैं। मुझे आशा है व्यक्तिगत स्तर पर ऐसा करने से हमें प्रसन्नता और आनन्द मिलेगा और जीवन में उद्देश्य और अर्थ की प्राप्ति होगी। हम यदि सामाजिक स्तर पर यह प्रयास करें तो बहुत सम्भावना है कि हम भौतिकतावादी संस्कृति से हटकर आन्तरिक व आध्यात्मिक संसाधनों पर ध्यान केन्द्रित कर सकेंगे। इसका लाभ सबको मिलता है।

मुझसे कई बार पूछा जाता है क्या मैं मानवता के भविष्य को लेकर आशावादी हूँ? मेरा सीधा-सा उत्तर 'हां' है। बीसवीं शताब्दी के आरम्भ में माना जाता था कि किसी भी गम्भीर संघर्ष का समाधान केवल लड़ाई-झगड़े से ही हो सकता है। मुझे खुशी है अब ऐसी

मान्यता नहीं है। लोग सर्वत्र युद्ध से थक चुके हैं और आपसी मतभेदों को दूर करने के लिए अहिंसक तरीकों का प्रयोग करना चाहते हैं। पहले विज्ञान और अध्यात्म को भी अलग माना जाता था लेकिन अब जैसे-जैसे विज्ञान, सचाई को गहराई से समझने लगा है, इन दोनों क्षेत्रों में सामंजस्य पैदा होता दिखाई पड़ता है। इस बात को माना जाने लगा है कि विज्ञान और अध्यात्म एक-दूसरे के पूरक हैं। पहले बहुत कम लोग जानते थे कि मनुष्य के व्यवहार का वातावरण पर क्या प्रभाव पड़ता है। लेकिन अब यह बात वैश्विक रूप से स्वीकार की जाती है कि मनुष्य के व्यवहार का वातावरण पर गहरा असर होता है, विशेष तौर पर जब हम आर्थिक विकास की बात करते हैं। मैं अन्त में यह भी कहना चाहता हूँ कि बीसवीं शताब्दी के अन्त तक राष्ट्रवाद को देश-प्रेम से जोड़कर देखा जाता था, लेकिन आज संचार और यातायात द्वारा हम एक-दूसरे से जुड़ सकते हैं और इसकी वजह से पुरानी धारणा कम हो गई है। इसके परिणामस्वरूप लोगों में एकता का भाव और एक-दूसरे पर आत्मनिर्भरता का भाव पहले से अधिक बढ़ गया है। मेरे आशावादी होने के यही कुछ कारण है।

इसके अतिरिक्त मुझे शुरू से ही मनुष्य की शक्ति में विश्वास है। मानव इतिहास में महान उपलब्धियों ने सदा ही मानवता को दिशा दी है और यह व्यक्तिगत प्रयासों से ही सम्भव हो पाया है। ऐसे हर प्रयास के पीछे एक बेहतर और नई दुनिया तैयार करने की दृष्टि और विश्वास रहा है। वह चाहे विलियम विलबरफोर्स का दास-प्रथा के उन्मूलन का अभियान हो या फिर महात्मा गांधी द्वारा आरम्भ किया गया भारतीय स्वतंत्रता का अहिंसावादी संग्राम, मार्टिन लूथर किंग जूनियर का जनाधिकार आंदोलन हो या मेरे साथी नोबेल पुरस्कार विजेता साहित्यकार जूडी विलियम्स का एँटी परसोनेल लैंड माइंस पर प्रतिबंध लगाने का अभियान, प्रत्येक मामले में इसकी प्रेरणा एक व्यक्ति से ही प्राप्त हुई थी। बाद में बहुत-से लोगों के सहयोग से इन अभियानों में परिवर्तन आया। समाज लोगों का ही समूह होता है इसलिए आपके मेरे जैसे लोग यदि समाज को बदलना चाहते हैं तो सबको योगदान देना होगा।

उपसंहार

मेरी पीढ़ी के लोग बीसवीं शताब्दी के हैं जो बीत चुकी है। उस शताब्दी में लोगों ने बहुत-सी चीजों का अनुभव किया, जिनमें बड़े स्तर के युद्ध शामिल थे। उन भयानक परिस्थितियों के कारण हुए कष्ट से हम लोग अधिक समझदार और परिपक्व हो गए। उसी शताब्दी में हमने भौतिक क्षेत्र में भी काफी उन्नति की लेकिन इससे पर्यावरण को बहुत नुकसान हुआ। हमें इससे अब निपटना पड़ रहा है। इसलिए यह आज की युवा पीढ़ी का दायित्व है कि वे विरासत में मिली दुनिया को बेहतर बनाने का प्रयास करें। उनके कन्धों पर बहुत बड़ी जिम्मेदारी है।

इस बात के साथ यह ध्यान में रखते हुए कि समाज में प्रभावशाली परिवर्तन लोगों के प्रयास द्वारा आता है, आज की समस्याओं से निपटने के लिए आवश्यक है कि अगली पीढ़ी को सही शिक्षा मिले। यही कारण है कि मैं अपनी यात्राओं के दौरान युवा पीढ़ी से मिलने और उनके साथ समय बताने का प्रयास करता हूँ। मुझे आशा है और मेरी इच्छा है कि एक दिन आज की औपचारिक शिक्षा, जिस तरह मूल शैक्षणिक विषयों में निपुणता प्राप्त करने पर केन्द्रित है, उसी तरह वह हृदय को प्रशिक्षित करने पर भी ध्यान देगी। मुझे उम्मीद है ऐसा समय आएगा जब हम मान लेंगे कि बच्चे अपने विद्यालयों में अन्य विषयों के साथ प्रेम, करुणा, न्याय और क्षमाशीलता जैसे गुण भी सीखेंगे।

मुझे उस दिन की प्रतीक्षा है जब बच्चे, अहिंसा और संघर्ष के शान्तिपूर्ण समाधान के सिद्धान्तों के संयुक्त प्रयोग से अपनी भावनाओं के प्रति अधिक जागरूक बनेंगे और उनके अन्दर अपने तथा संसार के प्रति उत्तरदायित्व का भाव जागृत हो सकेगा। क्या यह अच्छी बात नहीं है?

इस दुनिया को बेहतर बनाने के लिए हम सबको, बूढ़े और जवानों को इस देश या उस देश के नागरिकों को इस आस्था अथवा उस धर्म के सदस्य की तरह नहीं, बल्कि सात अरब के विशाल मानव-परिवार के सदस्य होने के नाते एक लक्ष्य की ओर साहस और आशा के साथ आगे बढ़ना है, यही मेरा विनम्र अनुरोध है।

इस ब्रह्मांड के जीवनकाल को देखते हुए मनुष्य का जीवन केवल बुलबुले जितना है। हम सब इस ग्रह पर अतिथि बनकर आते हैं और हमारे पास रहने के लिए निश्चित समय होता है। उस छोटी सी अवधि को अकेले, उदास और अपने साथियों के साथ लड़-झगड़ कर गुजारना कितनी बड़ी भूल है! इससे कहीं बेहतर होगा यदि हम इस छोटी-सी अवधि को दूसरों की सेवा करते बिताएँगे।

अभी इक्कीसवीं शताब्दी का केवल एक दशक पूरा हुआ है और एक बड़ा अंश शेष है। मुझे आशा है कि यह शताब्दी शान्ति और संवाद से परिपूर्ण होगी और इस दौरान सेवाभावी, जिम्मेदार और करुणा-भरे मानव समाज का विकास हो सकेगा। मैं यही प्रार्थना करता हूँ।